ESCUATRO

Porque es más que estrés…

Ensayos a tres tintas.

José Alfredo López Villalobos

Gracias a mi familia,
Gracias a mis amigos y amigas.
Gracias a la Dra. Martha Crespo,
Gracias a la Dra. Gloria Arroyo.

Por ayudarme y acompañarme en esto que llamamos vida.

Ensayos y Monólogos

¿Cómo sería plasmar la ansiedad en palabras?

Esto va a estar bueno…

Si fuese a plasmar la ansiedad por escrita, pudiese escribir un monólogo… un monólogo, o algún ensayo para que sea recitado en voz alta. Me imagino un cuento con múltiples de personajes, o una pieza de teatro o diálogo donde se desenlacen los personajes. Un poema, o puedo recolectar y hacer un compendio de los escritos ya publicados acerca del tema. Las opciones son muchas, pero ahora, ¿cómo escojo?

Un monólogo interior de por sí es privado… que sea recitado lo hará sentir como si fuese una clase universitaria, y eso no es lo que quiero. Más, yo no soy quién para hablar del tema. Un cuento puede conllevar una moraleja, pero no creo que sea suficiente. ¿Cuántas moralejas o citas ya existen? ¿Para qué una más? Y si lo que quieres es ver o entender la ansiedad dentro de uno mismo, y no como se pudiese escuchar o reflejar… Tú mismo sabes, José, que la ansiedad trata de esconderse, no es tan fácil de percibir, y menos con solo diálogo. Habría de estar pendientes del más mínimo detalle… Quizá la pieza de teatro sea sustentada con la interpretación artística de los actores, pero aun así mi interés no está en el desenlace de los personajes sino en la mente de cada uno de ellos. Aunque sí sería buena idea explicarlo o dar ejemplos de cómo la ansiedad se expresa en lo social. [añádete eso a la lista de los capítulos] Un poema es demasiado de nicho.

- ¿Por qué no solo dejas que la gente que sabe del tema siga escribiendo y educando acerca del tema? Ya hay gente haciendo lo que quieres hacer. Solo enfócate en sobrevivir, que hasta ahora lo has hecho suficientemente bien.
- Pero,

- ¿Pero ¿qué? ¿Exponerte? ¿De seguro crees que esto te pueda ayudar?
- Bueno, no sé…
¿Pues, qué esperas? ¿Que se te resuelva todo?
…

*   *   *

Ahí me fui un poco… un poco nada más. Quizá se sienta forzado, pero algo es algo, ¿no?

Quiero escribir este libro… Oye, quizá el monólogo interior sería la manera de escribirlo.

Vuelvo. Quiero escribir este libro porque algunas veces yo mismo ni me entiendo. Me toma tiempo en buscar no solo las palabras, sino las ideas que siento. Y en mi caso, la escritura me ha ayudado bastante a empezar a entenderme. Gracias a Dios ya rompí el hielo de poder hablar de mi ansiedad con mis amigos y familia (aunque sigo deferente a lo que le digo a cada cual… ahora tengo que filtrar lo que diga aquí y lo que no… ¿En qué me he metido ahora?). Al hablarlo con ellos, descartando los profesionales de la salud y compañeros u otras personas que comparten el mismo desdén que yo, no todos entienden como puede ser que mi ansiedad se desenvuelva de tal manera. Igual, no todos entendemos ni sabemos de todo. A veces, la ignorancia es buena. A veces… Pero quizá, y solo quizá al escribir mis monólogos y ensayos, pueda ayudar a mis seres queridos entenderme un poco más.

Aviso. Yo no he sido diagnosticado con ansiedad… Bueno, a la fecha de hoy, 16 de junio de 2022. Vamos a ver cuánto tarda. Inicialmente lo digo para quitarme crédito académico y profesional. Vuelvo y digo, no soy quién para educar acerca del tema. Estas son solo anécdotas y monólogos que tengo entre José y Alfredo.

(Sí, nombré mi consciente y subconsciente con mis dos nombres respectivamente. Seguimos). Pero igual, que sean solo anécdotas y monólogos no quita ni menosprecia que sí sea lo que he sentido y experimentado en estos últimos años lo que escriba en estas próximas páginas.

Algo que una vez me escuché diciendo fue: que por más que uno menosprecie algo, sigue valiendo la pena. ¡Quizá eso sea el título! "Por más que uno menosprecie, vale la pena". [Dado, no lo es… después explico el título]. A esto me refiero, que, aunque no tenga base académica ni profesional, estos monólogos ameritan que por mínimo, se escriban; y por máximo, que se publiquen.

*　　*　　*

Esto que escribo aquí, pudiese servir de introducción, pero igual siento que necesito un preámbulo de manera en que les avise lo que leerán a continuación. Estaría nítido también pasarle este escrito a algún profesional de la salud, en específico de la psicología o psiquiatría, que lea y haga anotaciones o escriba lo que puede deducir u observar en lo que tenga escrito… [otra cosa más para la lista de los capítulos]

Pero vuelvo. Siento (aquí mirando hacia el futuro), que va a haber mucho de eso: "Vuelvo". También habrá muchos quizá o quizás, el que salga al momento. Muchos si (sin acento). De seguro, mucha duda. De seguro, mucha duda… qué ironía… Demasiada interrupción, demasiado de autoanálisis al nivel de que no será saludable. Análisis de cosas que ni han pasado, o no pasaron, ni pasarán. Inseguridad de sobra. Mucha insatisfacción, repetición (adrede o sin querer). Como si tropezar en la misma piedra no fuese un pecado. ¿O fuese sí? No sé cuál cabe mejor. Verán. En guerra avisada, muere poca gente, porque si digo que no muere gente me vendrán con cosas. Si notan algo más, pues bien. Me dejan saber. Me gustaría que esto sea un trabajo en equipo.

Parece como si va a haber, de aquí en adelante, mucha negatividad. Sí. No les miento. Pero algo que me agradezco, que pudiese decir que es de lo más que me hace sentir orgulloso de mí mismo, es que soy optimista, y confío en que lo último que se pierde (si es que se llega a perder) es la esperanza. De eso tengo bastante. Si no tuviese, quizá no estuviese aquí escribiendo estos monólogos. Pero sí, esperanza tengo. Espero, que este libro me dé más. Más esperanza. Más fuerza. La mierda es, que algo que necesito es paciencia. Esa sí se me acabó. No sé cómo no tener prisa. Tengo que buscarla porque ir rápido y querer resolver todo de una es lo que me rejode. Es lo que me ha llevado a aquí. No aquí del libro; o sea, me entienden. La prisa que tengo me estira la ansiedad a mil. Y ahora al hablar de la prisa se me olvidó algo que quería añadir. Esa es la mierda. Otra de muchas… Les digo ahora.

*   *   *

Déjenme añadir que, mientras transcribía esta parte del libro, que lo hice desde antes de tener todo ya escrito porque mi letra no es la más legible que digamos y mejor transcribir lo escrito en papel a digital lo antes posible para así que no se me olvide lo que escribí y pueda deducir lo que dije si es que no entiendo muy bien mi propia letra… Se me fue el tren ahí describiendo que la oración no llegó a donde tenía que ir. Decía, que mientras transcribía, no pude parar de pensar en cuántas palabras he escrito ya. ¿Cuántas palabras serían suficientes para que el libro sea de un grosor suficiente? ¿Cuánto es suficiente? ¿Crees que llegarías a 40k de palabras? Si no llegas, ¿valdrá la pena? Busqué en Google cuántas palabras tienen en promedio los ensayos, novelas, etc. Llegué al punto que me preocupé demasiado por la cantidad de palabras que habría de escribir. Lo de que, si valiera la pena, me hizo sentir como si de verdad quiero escribir esto, y no pude más que darme cuenta de lo que mismo ahí hice, que bajé mi cabeza y tuve que llorar un poco. Ay, Dios… De esto mismo se trata lo que escribo, ¿no? Trataré de contar lo que me ocurre mientras escribo… Sería bien no solo contar anécdotas previas, también las que pasan al momento. Los mantengo al tanto.

*   *   *

Ya vuelvo. Volvemos a la esperanza. Si algo quiero de este libro es que sirva para compartir de esa esperanza que digo que tengo de sobra. No es que tengo tanta para repartir, porque créanme que algunas veces ha estado al punto de agotarse, pero siento que, si algo de este libro/monólogo pudiese hacer, además de ayudar a entenderme, quisiera que sea brindar esperanza. Porque como digo, por más que se menosprecie, vale la pena…

¡Ah! También verán mucho subjuntivo y/o condicional. Hablo de la conjugación de los verbos. Efecto que tienen las dudas. Pero ya. Anda. Anda me digo a mí mismo. A ver qué puedo escribir…

Aquí no vas a encontrar soluciones.

Si estás buscando soluciones para controlar o manejar la ansiedad, gracias por la confianza, pero aquí no es. Gracias por coger el libro, pero si has de seguir leyendo, necesito que cambies la mentalidad. Uno, porque no quiero decepcionarte. [Perdone si le incomoda que me refiera de tú a usted, pero igual, verá de ambos, tú y usted.] Dos, las expectativas externas han sido la razón, o una de las razones, mejor dicho, que han resaltado mi ansiedad. Tres... se me olvidó. Mi mente se fue en el tren de las expectativas y no consigo traer a mi mente de vuelta todavía.

* * *

Tres, he de ser egoísta esta vez. Tengo que preocuparme por mí, y escribir estos monólogos para desahogarme. Esa es de las razones detrás de estos monólogos. Los llamo monólogos porque obvio que son más de uno. Cuatro, me vendrá pronto porque sé que mi mente lamentablemente no descansa. Ni si quiera cuando duermo. Para mí, dormir termina siendo un shut-down entero del cerebro. No es una pausa, es un paro en seco. Esa es la manera en que duermo la mayoría de las veces. Y eso que duermo las horas que necesito... y me levanto a la hora que quiero (hasta sin alarma). Hace tiempo que no sueño. Mentira. He soñado, pero a cuentagotas. Puedo pasar meses sin soñar. Puedo pasar meses sin poder decir que una de las noches dormí bien – que fue un buen descanso. De las noches que sueño o descanso como nunca son aquellas en que tengo una buena nota... por alcohol o esa vez que probé pasto... que me calmaron la mente a un nivel normal. Es como si el primer trago me trae la mente al nivel sano, nivel normal en que puedo tomar las cosas una por una, y después es la nota del alcohol. [Ahora tengo la perse de que si puedo decir esto por escrito y publicarlo… QSJ] O sea, siento la diferencia, de que full… ya veo cómo el alcohol y el cannabis entre ayuda o merma la ansiedad (cualquiera que quieras creer), pero eso es otro tema que no viene al caso ahora. Vendrá en otro momento.

Vuelvo. A lo que iba. No soy quién para dar consejos, para ayudar… Como ven, aún sigo en el lío y se siente como si estuviera sobreviviendo. Se los juro que me gustaría que estos monólogos fuesen para dar consejos, brindar maneras de manejar la ansiedad. No saben cuánto daría para tener las respuestas de las preguntas que tengan. Esa es la vaina (para no decir mierda). Yo no tengo las respuestas que necesito. Me rejode no saber. Ahí es donde la paciencia se me queda corta. Me enfada aceptarlo, pero es que no tengo de otra.

Si encuentras algo, ¡qué bueno! Pero, esto lo escribo mientras aun busco cómo lidiar. En confianza, únete. Eres bienvenido a leer y reír de las penas, llorar conmigo, y soltar lo que quieras. Yo igual trataré de reír de mis propias desgracias. ¿Cómo es que dice el dicho? ¿Mejor reír para no llorar? Pues eso trato. Y eso, que soy malo con los chistes… Que les cuenten los que me conocen. Pero bueno. Se me fue el hilo bien feo… ¿A qué iba?

*   *   *

Aquí no van a haber respuestas. Solo preguntas. Quizá eso sea bueno para un científico que se dedica a preguntar e investigar, a cuestionar el mundo. Pero, a veces demasiadas preguntas hacen que uno se ahogue en un vaso de agua.

Oye, quizá… no… no creo que tenga sentido. Me tiene sentido, pero está difícil describirlo [oye… imagínate si en la literatura publicada existieran emoticones… ¿Te imaginas si el Quijote tuviera emoticones a través del texto?] Lo que quería decir es que esto es para yo desahogarme. ¿Que si tengo otras maneras de desahogarme? Sí. Varias. Pero yo no me quiero agobiar por las maneras en que me desahogase. Con las maneras en que pudiese decir lo que quiero si en esa búsqueda o inquietud termino no haciendo lo que quiero, y vuelvo a caer en lo mismo, en no hacer nada. Pero pues, decidí en esta. Y que se joda (QSJ). Se fue así.

*   *   *

Diantre, estos monólogos van a estar algarete. No creo que haya mejor manera de describirlos. Entre hablarme solo, hablarle al lector, si le digo tú o le digo de usted... Va a estar de madre. Y eso que quiero darle esto a leer a una persona profesional y quizá a un profe de español.
¿Qué puedo hacer? El punto es que sea lo más directo o, como se pudiese decir en inglés, raw posible.

Vamos a ver...
☐

Solo puedo respirar...

Tal día llegué a casa de mi tía para celebrar el cumpleaños de una prima mía. Todo normal, chistes en familia, sentados todos a la mesa. Escuchábamos anécdotas de nuestros tíos, recordábamos lo que habíamos hablado los primos más temprano en el día porque estuvimos en la playa antes de llegar a estar todos juntos otra vez. Todo parecía un buen día en familia. Pero algo no me cuadraba. Algo no me dejaba prestar atención a lo que contaban mis tíos.

Enfocaba, escuchaba la conversación, pero rápido me distraía. Fácil. Me encontré varias veces durante el día preguntando "¿Qué?" porque justo me había desasociado de lo que ocurría, y aunque oía, no registraba. Oía pero no escuchaba. Mis pensamientos no me dejaban escuchar. Me dejaban sordo. Tanto tenía corriendo en mi mente, que no escuchaba lo que pasaba a mi alrededor. Lo único que tenía a mi disposición eran mis ojos. ¡Me había quedado sordo! Pero no del sordo de definición del diccionario, si no que tenía tantos canales prendidos a la misma vez en mi cerebro que las señales de mis oídos no eran suficientes.

En ese momento mi mamá nos dice que nos podemos servir del fricasé que hizo mi tía... que bien bueno que le quedó, modestia aparte. Yo había comido medio plato de arroz con habichuelas y chuleta, porque, aunque no tenía apetito, no había comido fuerte en todo el día... y eso que había llegado de la playa. Entonces, para no quedarme sin comer, cogí de la ensalada. Me pude comer lo que me serví, pero mi tía insistía que podíamos repetir, pues busqué arroz y fricasé. Cuando me senté a comer, mi mente se concentró en que me lo tenía que comer porque no había comido un plato entero en ese día, pero también me dije yo mismo que tenía que beber agua. Igual, que si tenía servilleta conmigo. Que si me serví de más. Si me serví de menos. ¡Hasta me ahogué con un sorbo de agua! Me enfocaba tanto en lo que tenía que hacer que hasta se me olvidó cómo. Me preocupé tanto que se me fue el apetito. No había comido más que ensalada, pero el mismo estómago me decía que no más. En esos momentos no podía escuchar a mi familia. Traté de mirar para arriba a ver qué decían, pero mis ojos no se despegaban del plato, enfocados en los granos de arroz, como si tuvieran la contestación de todas las preguntas que gritaban dentro de mi mente. Que si estaba bien. Que si me llené... ¡Si no comí nada! Si no puedo más. Que si estoy comiendo bien. ¿Qué dirá mi tía si boto el plato lleno? ¿Me estarán mirando? Me estoy comiendo por dentro pero no escucho. No puedo ver. Solo puedo respirar. ¡No me jodas que hasta tengo que prestar atención a si respiro o no!

A mí me parecieron unos 15 minutos en el mismo dilema. Pero justo, ¿solo fueron dos, tres? No sé. Nadie había terminado de comer todavía y yo preocupándome por todas esas preguntas. Me paré de la silla una vez pude tomar por lo menos control del guía, aunque solo fuese una mano. Llevé el plato a la cocina, pero lo puse a un lado porque supe que quería regresar a comérmelo, pero en ese momento no podía. La conversación de mis tíos seguía en el mismo tema y yo ya tuve una discusión interna entera... Qué cojones...

Y la mierda es que esa no es la primera vez que me ocurre. A mí los ataques de ansiedad me vuelcan el sistema digestivo. Que si náuseas sin haber comido. Distracciones e interrupciones a la hora de comer. No tener apetito cuando yo mismo quiero comer, que me den ganas después de. Acho, un descontrol irracional.

Cómo olvidar las veces que cuando salíamos al aeropuerto para irme a la universidad, en plena pandemia para colmo, me daban náuseas antes de salir. Como si fuese un presagio a lo que estaba por venir. Entre el agobio e histeria por el COVID-19, no querer irme de casa, no querer estar solo… Razones tenía de sobra. Pero en ese entonces no sabía lo que me pasaba. No sabía que era ansiedad.

No fue hasta que salí para una clase presencial, empecé a caminar, y a medio camino mi cuerpo no pudo dar un paso más hacia adelante, y tuve que girar y volver a mi apartamento. No tuve más remedio que postrarme delante el inodoro y solo botar aire.

*   *   *

En esos momentos solo puedo respirar. Dejar que pase. Esperar a volver al presente. Volver a tomar control. Que me desasocio con frecuencia. Con facilidad.

Dicen que respirar ayuda. Con las meditaciones y no sé qué. Ayuda. Sí. Pero no creo que se considere estar consciente cuando respirar es lo único que puedes hacer. A eso yo le llamo sobrevivir. ¡Coño!, que feo suena.

Lo que no entiendo es cómo, después de uno de esos ataques de ansiedad, la mente queda clarísima. Como si nada hubiese pasado. La mierda es que sabes que pasó. Que lo más seguro volverá a pasar. Y sea cuándo, sea dónde, no podrás controlarlo. Y eso es lo que te jode.

¡Ah!, y añado. Cuando entendí que las náuseas no eran normales, le pedí a mis padres que me llevaran al gastroenterólogo, a ver qué coño era. Con laboratorios y endoscopía, no encontraron nada. Ahí empecé a sospechar. Esta mierda está en la mente. Puedo sentirme enfermo, puedo estarlo, pero cuando hacen exámenes físicos, no encuentran nada, y te dan medicamentos para controlar los síntomas, es como si solo estás resolviendo los efectos sin llegar a la causa de ello.

Van 8 años y sigo contando…

Yo siempre he sido una persona ansiosa. Me asusto fácil. Pienso mucho. Mucho no, demasiado. Pienso más de lo que hago. Me preocupo de más. Parecieran cosas sanas a primera vista, pero cuando llegan a niveles como los que tengo, yo digo que no es normal.

Es normal preocuparse, y es bueno preocuparse por los demás. Pero llega a un punto en que hay que prestar atención a uno mismo. Es bueno tener en cuenta a los demás, pero igual no hay razón de olvidarse de uno mismo. Eso aprendí hace poco, pero ahora me toca aprender de no preocuparme tanto por mí mismo y que llegué al nivel de cuestionarme todo. Pero eso va a otro caso.

Vuelvo. Pensar mucho y no hacer nada resulta en que uno se queda metido en la mente y termina sin vivirse la vida. Que me asuste fácil no es que muchas cosas me den miedo, pero como suelo tratar de controlar todo, cuando algo llega desapercibido, me coge desprevenido. [Eso quizá no suene bien en español que no es de Puerto Rico]. Me toma de sorpresa.

Todo eso se suma a mi ansiedad. Añádele a eso la presión que uno recibe al ser el primogénito de la familia. Las expectativas que uno siente de los demás (estén o no ahí). El sentir que no puedo equivocarme. Que no puedo fallar. Ser un ejemplo para otros quizá llene a algunos de fuerza y confianza, pero a otros quizá les sume a la presión que ya tienen encima.

Estos, diría yo, son los cimientos de mi ansiedad. ¿Qué me causó? Me hace dudar de mí. De lo que sea. Inseguridad. No querer hacer nada hasta que esté 100% seguro de lo que haría. Me cuestiono, y no hago nada.

Todo eso me lleva a una introspección cabrona. Y
Añádele que empecé a reconocer que soy gay. Ya no
me cabe duda. [Digo eso, y adivina qué pasa…]
Imagínate lo que me pasaba por la cabeza hace ocho
años. Que si es verdad. Qué será de mi familia. Qué
pensará mi familia, mis amigos, yo mismo… [ellos van
a leer esto… estoy tratando de no esconder nada] Yo
quería tener una familia, y siendo gay, ¿será posible?
¡Cuántas veces le recé a Dios que no me hiciera gay!
Nadie lo sabía. Controlaba y empujaba mi mente a no
mirar, no ligar. A no hacer nada que te chotee…
¿Cuánto tiempo duré así? Creo que como hasta mi
tercer o segundo año de universidad. No fue hasta que
hablé con un amigo de la infancia que empecé a
entender este sentimiento como si fueran las estaciones
del proceso de duelo. Aun así, la ansiedad persistió. Se
pudo controlar un poco, pero volvió. Mientras
estudiaba afuera, también me sentía solo, que no
pertenecía… De seguro entré en una depresión, más la
ansiedad en esos últimos dos años de mis 5 que pasé en
la universidad. ¿A qué quería llegar con esto? Esto es
un desahogo completo. Decía todo esto para de alguna
manera u otra entender cómo llegué aquí. Han sido
uno largos años. Mi papá dice que el tiempo se va
volando, pero para mí ha sido una eternidad borrosa.
Mala memoria. Como si estuviese olvidando a
propósito. Y eso que siento que buena memoria tengo.
Pero han sido muchos momentos en que me preguntan
algo y no recuerdo. Y siento que algo anda mal en eso.
Hoy mismo, mi hermano me pregunta qué hice hoy, y
no le pude decir nada… Son solo las 5:30pm, ¿y no
recuerdo nada?

[Esto próximo iba a ser otro monólogo por separado,
pero siento que van de la mano so pensé hacer este
mucho más largo, o si no más largo pero como si fuesen
dos temas completos en uno porque lo de arriba son los

primeros ocho años, y lo siguiente es lo que sigo contando].

No sé a dónde me va a llevar esto. Esto no frena. Por más que lo quiera, las preocupaciones no se me acaban. Como si no tuviese suficiente por preocuparme por mí, termino preocupándome por los demás primero que por mí. Por la familia, las discusiones, por mis amigos, por desligues. Tratar de no causar dilemas ni conflictos... o, mejor dicho, para no añadir más. Como si fuese querer mantener las cosas como eran antes. Pero sé que así no es que es la cosa.

Las cosas que no controlo, no hay manera de controlarlas. Cada cual tiene la vida de uno, todos somos humanos, todos tenemos nuestras mierdas. Después de empezar a entender la ansiedad, tuve que aprender a bregarlo. Entendí que soy una persona que se agobia fácil, y que estoy tranquilo cuando siento control. [La mierda es que yo sé que puedo fluir cuando eso es lo que tengo que hacer. Si alguien más está en control, que esa persona decida. Yo sé que puedo decidir cuándo irme de lo que sea o si estoy cansado]. Ahí está. Sí, puedes fluir, pero te cierras cuando te toca pedir lo que quieres. No te atreves tan fácil en decir que estás cansado y te sientes como carga, y cuando te sientes como carga, no haces nada para sacarte de ese estado emocional.

Oka. Me fui ahí. Me hablaba a mí mismo.
Vuelvo. Tuve que aceptarlo. Seguimos hacia adelante. [Estoy cogiendo esta oportunidad que me siento eufórico o alegre para, por lo menos, escribir algo positivo, pero siento que rápido mi mente está ya buscando algo para bajar la nota. Para sacar en cara. Algo para preocuparme. Me termina cuestionando y me pregunta que si estoy fingiendo estar contento. Que si esto es una farsa. Pero tengo que tomar las riendas y

decir que no. No finjo, No es una farsa. Me jodí tanto para llegar aquí que merezco estar contento con lo que he logrado. Espero que uno de estos capítulos sea alegre u optimista… espero que no solo sea la conclusión. ¡Y cuidado!]

*   *   *

Justo cuando me gradúo de la universidad, ya teniendo trabajo, y mi única preocupación debería ser acostumbrarme otra vez a estar en casa, y lograr poder tomar mi espacio, [ojo, dije debería] la ansiedad me empieza a crear distintos escenarios de porqué aun no me siento cómodo en casa. Sí, es un cambio volver de la universidad a estar en casa que pasaba cada verano e invierno mientras estudiaba, pero esta vez ahora es por completo. Después de estar viviendo 5 años por mi cuenta (con o sin compañeros de piso), a volver a casa y estar con mis padres. No es nada malo. Yo quise regresar. Y lo logré. Pero las circunstancias no son como antes. Mi familia no ha estado tan expuesta a la comunidad LGBTQ+, y pues que yo siendo homosexual y que voy a vivir en casa, decir que no habrá roses es mentira. Y de ahí es que se anclan estos nuevos pensamientos intrusos. [Observación. Les digo intrusos porque son pensamientos que nunca tuve y llegaron de la noche a la mañana y al momento en que escribo esto, llevo una semana con que estos pensamientos intrusos que no me dejan descansar y relajarme en este mes que tengo antes de empezar a trabajar].

Que si compararme con mi hermano, (ya ese capítulo lo había cerrado. Entiendo lo que pasa cuando uno se compara con otra persona), que si no puedo ser 100% yo mismo en casa. Y por qué. ¿Por qué tengo las defensas aun arriba? ¿A qué le temo? Que si finjo ser gay, que si soy más que gay, que si estoy seguro de quien soy... Que si de verdad tu nombre es José Alfredo, que si de verdad te sientes hombre, que si eres mujer... cuestionarme nombre, sexo, género y sexualidad. Otra vez con la sexualidad. Cuestionarme mi propia existencia. Que si finjo ser yo. Sentía que buscaba un escape que no necesitaba. Sentía que aún tenía mis defensas arriba, es por algo. Porque mi mente siempre necesita tener una razón para algo. Y no saber ese algo es de donde se ancla mi ansiedad. De ahí toma su pie forzado y crea el ataque de ansiedad que me ha durado toda esta semana. Ni me pude disfrutar el día de los padres por estar metido en mi cabeza averiguando. Solo por identificarme con lo que dice Villana Antillano en su entrevista con Chente: que siempre quiso ser libre.

Fuese real o no, los pensamientos, algo que sé es que no cabe duda de que la ansiedad y depresión sí lo son.

Vuelvo. No sé a dónde voy a llegar. Espero manejar la ansiedad. Poder descubrir y entender qué cosas de mi mente son genuinas y cuáles no. Cuáles son fabricaciones de la ansiedad, y cuales son propias. No quiero invalidar los pensamientos de nadie, pero en mi caso, reconozco que algunos pensamientos me surgieron antes de la ansiedad, y los reconozco, pero otros que me llegan en los episodios ansiosos o después, y más con los pensamientos que no me había identificado aun, no sé lo genuinos que puedan ser.

Sé que cuestionarse es difícil, y que hacerse esas preguntas son buenas para entenderse y conocerse más a uno mismo, pero dentro del renglón de la ansiedad, he de tomarlas con pinzas.

Vuelvo, no sé a dónde voy a llegar. El tiempo no se acaba, y mucho más los números. Lo único que quiero es un descanso. □

¿Cómo carajo he sobrevivido esto?

Si tuviera que dar una respuesta, sería por pura inercia. Dejando que los días me pasen, las semanas, los meses…

Es como si no sintiera nada. Fui indiferente por bastante tiempo. Indiferente a mí mismo. No buscaba lo que quería. Hacía lo que me decían, y terminaba satisfecho porque sobreviví el día y no le hice daño a nadie. No le fallé a nadie.

Solo terminé fallándole a mí mismo.

La indiferencia me sirvió como inercia. Inercia de lo que vivía, seguía viendo el tiempo pasar, sin dejarme yo mismo sentir algo... No fue hasta que me cansé de la insensibilidad que traté de hacer algo. Buscar ayuda. Entender qué me pasaba. ¿Qué me frenaba? La cosa es que como dice la ley de Newton, un objeto en reposo se mantendrá en reposo a menos que sea obligado a cambiar su estado por medio de fuerzas impresas sobre ello. Pues estaba, estuve buscando esas fuerzas para moverme. [Y ahora las estoy buscando otra vez, que me estanqué una vez llegué a casa después de por fin graduarme de universidad y estar donde siempre quise estos últimos años, en Puerto Rico. Pero ahora que estoy aquí, que lo logré, acostumbrarme a estar aquí de nuevo ha tomado un giro completo que hasta siento que toco fondo, y busco cómo volver a subir.] Fuerzas para volver a sentir algo.

Al escuchar a mi amigo describir el acto de salir del closet como las etapas de duelo, en que dejas la idea de quien eras y empiezas a entender la persona que eres, pude más o menos entender qué sucedía. Fue… Es un proceso que aún me persigue, pero igual. Esa inercia de estar simplemente sobreviviendo y entender que así me sentía, me hizo entender que el tiempo como quiera sigue, y que así fue como sobreviví todo esto, que he sobrevivido todo esto…

*   *   *

Suena fatal lo que digo ahí. Lo sé. Yo mismo me asusto de cómo puedo llegar a escribir y describir lo que he sentido. Pero creo que siendo honesto conmigo mismo ayuda a entender, a simpatizar conmigo mismo y a por lo menos tener compasión conmigo mismo. Algo que casi nunca hago, o logro hacer. Porque cuando quiero tomarme un descanso, o desconectarme, la ansiedad no me deja. Es como pasarme por la piedra, pero en estos casos es como si me siguiera pasando por el piso cuando ya no hay piedra para lijar de tanto desgaste. No sé si se entiende la analogía, pero pues, así se fue. Necesito tomarme más con calma. No pensar que tendré todo resuelto si lo analizo por completo. Por cualquier cosa que pasa por mi mente. Tener que prestarle atención a todo. Pensar que todo lo que llega a mi mente es verídico. Seguirle y buscarle la quinta pata al gato de todo. Cansa.

Necesito ser más compasivo conmigo mismo porque cada vez que siento que toco fondo, y mi mente parece que se ha quedado cómoda con sentirme triste, indiferente. Cómoda estando preocupada. Cómoda dudando de todo, y así sin dejarme de hacer nada en absoluto. Cuando siento que mi mente se queda cómoda en este estado depresivo, que no me deja ver escape, me he visto más veces de las que quiero admitir, preguntándome si vale la pena todo este sufrimiento. Me da hasta miedo. Es preocupante cuántas veces me cuestiono si yo estar solo es seguro. Si es una buena idea. No fue hace poco que después de tener una conversación con mis padres, que aunque hablamos bastante, siento que me escucharon a medias, una vez cerramos la conversación, y me fui a mi cama, después de haber tomado melatonina de 5 mg para que me entrase el sueño y media pastilla de un ansiolítico de 1mg, cuando me acosté en mi cama, me entró una desesperación que nunca había sentido. Justo ahí fue que decidí dormir con mis padres esa noche. Medicado por primera vez… (hablo del ansiolítico, no piensen demás). Creo que hasta mis padres, ambos mi mamá y papá me dijeron que ronqué. Y eso que no ronco… Llevaba bastantes noches sin descansar bien. Se notó. Fue ahí que creo que dije, necesito ir a un psiquiatra, además de una psicóloga.

☐

El privilegio de la ansiedad

Todos tenemos preocupaciones, ¿no?, pero somos pocos los que tenemos el privilegio de preocuparnos demás. La ansiedad no solo ataca a los más vulnerables, sino también a los que se pueden dar el lujo de preocuparse porque sí. Preocuparse por cosas que, digamos, no son primera plana en el esquema de sobrevivencia humana. Nos volvemos un 8 por cosas de las que no depende la supervivencia. No les parece que, cuando los humanos se fajaban día y noche por buscar sustento y asilo, eso les llenaba la mente que no tenían tiempo por preocuparse por otras cosas. Ahora que todo está mayormente a un alcance más asequible, tenemos tiempo de óseo y demás para echarnos fresco y preocuparnos por cosas que no merecían la pena antes. (Palabra clave, antes).

Sí. Los tiempos han cambiado. Pero, entonces, está claro que algo tiene de causa que nos estemos preguntando cosas que antes eran inimaginables, o simplemente incuestionables porque no era algo que importase tanto. Cualquiera pudiese decir que los problemas de hoy son superficiales, incomparables con los de antes, nuevos… allá quien les llame primer-mundista… Sea lo que sea, comparando, cualquier cosa se podrá ver más pequeña o menos grande. Eso es lo que hace la comparación. Le quita el valor de algo y lo relaciona a otro, en vez de mantener la esencia. Lo que digo, si comparamos los problemas de hoy con los de antes (digo antes siendo milenios), fácil se puede decir que nuestros problemas de ahora son un privilegio. ¡Pues claro!, que otro privilegio más grande que la consciencia humana… Muchos hemos dicho que nos gustaría ser animales para lo que sea… Pájaros para solo cagarle encima a aquellos con que no nos llevamos bien… Hasta Juan Luis Guerra quisiera ser un pez… pero creo que eso tiene otras razones…

Volviendo al caso. Los problemas antes fueron reales, pero eso no quita que lo que sintamos ahora, lo que nos preocupe en estos momentos, no sea real. Los tiempos cambian. Con ello, las preocupaciones también.

*   *   *

Estoy consciente que el título puede ser un poco controversial. La palabra privilegio creo que ha conseguido una connotación poco, para no decir muy, peyorativa. Bueno, así mismo empecé ese párrafo. Minimizando los problemas y más, mis preocupaciones, comparándolas con lo que acaparaba la vida en los tiempos prehistóricos... Pero igual. Los tiempos cambian, y con ello las preocupaciones. Pero además de eso, creo, que lo que está entre líneas es el contexto. Nuestro contexto en Puerto Rico del siglo 21 [me siento rebelde poniendo 21 en vez de XXI] es uno que hace que algunas preocupaciones surjan, o se queden por dentro. Siendo un país (se joda si somos país o no, nación o no... hasta Pierluisi le dice país, él mismo diciendo en uno de los debates de TV en PR que no lo somos... o qué se yo. En fin. Vuelvo al caso) latinoamericano, colonia, capitalista (aunque hay cosas en Puerto Rico que siento que son más de izquierda, pero ni el PNP quiere admitir que son distintas a EEUU, pero eso no viene al caso), eso nos crea una sociedad en que ciertas preocupaciones limitan cómo uno se mueve o conecta con la sociedad, o qué uno esconde o se comienza a preocupar. [Yo aquí hablando como si fuese sociólogo estuviese a sabiendas de todo como un profesional]. La mierda es, Puerto Rico es un contexto específico, y solo quiero decir que las preocupaciones que tengamos son. Punto. Son. Quizá sean falsas, sin base verídica, que sean pura ansiedad, pero la ansiedad está ahí por algo que quizá la mente de uno leyó o entendió mal, que al final sea una preocupación y ya.

No sé a dónde iba…
¡Ah! De seguro voy yo a volverme a preocupar por todo lo que me he cuestionado por yo mismo haber escrito eso hace dos o tres líneas arriba. Y eso que había mantenido la preocupación y la ansiedad mermada.
Los dejo. Vuelvo ahora.

☐

Miedo rumiante

Coño, en verdad que yo no me dejo vivir. Esta
ansiedad anda comiéndome por dentro. Por más que
me repita: "estoy bien", "estoy bien". "Estoy safe",
"estoy sano" ... siempre encuentro un pero. Ahora
mismo, bueno, hace 5 minutos, en lo que decidía en
qué escribir. Titubeé en lo que quería escribir. Uno, si
quería escribir. Dos, si debía escribir. Ambos se
llevaron un sí de respuesta. ¿Qué escribo? No sé.

¿Te acuerdas lo que te dijo la psicóloga ayer?
De todo lo que me dijo, ¿a qué te refieres?

Déjate fluir.

      Tienes miedo a vivir.

Te has sentido solo aun estando rodeado de gente.

Has pasado por grandes cambios en tu vida,
interrupciones, y has pasado por algunas cosas sin gente
con quien puedas compartir mutuamente de las
experiencias. [algo así fue lo que dijo... no me
porfíen... no le cito oficialmente.]
¡Sal de tu cabeza! [no lo dijo así, pero ni modo].

Eso, lo del miedo. Tienes miedo a vivir tu vida.
-     Sí, lo sé.

Tienes que hacer más cosas por ti. ¿Y aquella lista de
cosas que querías hacer? Que tenías en mente, que
planeaste antes de llegar a PR. ¿Qué pasó con esa lista?
¿Has hecho algo?
-     Solo ir a la playa solo.
¿Qué te falta?

Ir a la Poza de Jacinto.

Empezar un libro de fotografía...
Ir a las excursiones de arquitectura del VSJ.

¡Te queda poco tiempo antes de que empieces a
trabajar!
-        El trabajo no es para limitarme... Sí, me faltan
cosas por hacer.

¿Y qué esperas por hacerlas?

        *   *   *

Siento un miedo brutal por dejarme vivir. ¿Perder el
control de mí mismo? Así es como se siente... Necesito
aprender a fluir. A sentir que puedo hacer las cosas que
quiero. ¿Y por qué te sientes que todavía no puedes?

        *   *   *

Yo mismo me pongo los frenos. En todo. No me dejo
sentir. No me dejo ser yo. ¿Por cuestión de qué?
Muchas razones. Que enumerarlas será difícil. No de
saberlas, sino admitirlas.
☐

Y vuelve el perro arrepentido...

Yo no sé ustedes, pero la ducha es un espacio donde uno se relaja, ¿no? Uno se puede desconectar y disfrutarse. ¡Ahora hay que tener cuidado porque estamos en sequía! Aquí no han racionado todavía, so estamos bien.

La cosa es, últimamente, yo bañarme se ha convertido casi en zona de guerra. Se ha convertido en zona de guerra porque ni en esos momentos que tengo conmigo mismo la mente no para de disparar. Sigue disparando y no me deja concentrarme en nada. Literalmente. Los momentos en que quiero pensar en nada, no puedo. He tenido duchas en que me preocupo más estando en la ducha que estando afuera. Está cabrón.

Ha habido días en que pienso en no ducharme algunas veces por miedo a no poder descansar la mente, o que me canse más en la ducha... ¡Pero jamás he de apuntármela!, una ducha o un baño. Bueno, a menos que, claro, venga de una jienda o un buen jangueo que energías solo quedan para caer en la cama.

Vuelvo.

Pero nada. Algunas veces me he duchado sin música porque llega al punto en que la música me molesta en vez de que me relaje. No. Sé. Cómo. A mí. Que me encanta la música. Si me dejaran, yo tendría la música puesta a todo volumen. A toda hora. Pero me he visto despegándome de mí mismo, y eso no es bueno.
    Digo, me he visto negándome placeres que tengo por el simple hecho de precaución. ¿Precaución de qué? Si supiese, te diría. Pero a veces me preocupo por cosas que ni existen, ni son reales, o simplemente no hay razón por la cual preocuparme.

Esta vez decidí poner música. Música alegre. Yo soy de los que baila en la ducha… Gracias a Dios no me he caído en ninguna. Solo me he caído en las 3 hamacas que hemos tenido en casa.

Volviendo al caso. Mientras me disfrutaba la ducha y la música, empecé a bailar. Tranquilo. Feliz. Ya, rápido volvió el perro arrepentido…

Baja la música. ¿Los demás saben que esa es la música que te gusta? ¿…la que tú escuchas? ¿Por qué te mueves así? ¿Cómo te mueves? Yo mismo cuestionándome lo que quiero hacer. Era un momento de estar tranquilo. Alegre. Con las defensas completamente abajo. En fin. Sin defensas. Pero comoquiera tuvo que decir presente la ansiedad…

Creo que poco a poco voy entendiendo el orgullo…

*   *   *

¿Me distraje? No sé. Me quedé sin qué decir. O sin qué seguir eso.

¡Ah! Ya me acuerdo. Lo que me dije yo mismo. Déjate fluir. Disfruta el momento. Tengo que aprender eso de mis perros. Yo los veo en la mañana, tirados en la grama… relax…

*   *   *

En la misma ducha empecé a pensar en que me gustaría estudiar en Chile. Y ahí fue…
¿Cuándo vas? Tienes que solicitar. Empezaste… Ni eso, Vas a empezar a trabajar… ¿Te irías en cuanto? Recuerda llamar a casa cada semana (como si ya estuviese en Chile yo). ¿Cómo viviré por allá? Tendré que dar un viaje inicial para conocer y después de que

solicite y me acepten, saber dónde mudarme. ¿Será igual que en Puerto Rico? ¿Seré igual que en Puerto Rico?

Mira, ya. Solo decía que lo más seguro la opción que quisiera o me gustaría para maestría sería Chile. No necesito agobiarme con la logística. ¡Puñeta!

No me puedo disfrutar donde estoy. Siempre tengo que meterme algo en el medio.

☐

Dame un break, ¡...Ñeta!

No es que, justo cuando termino algo, y ya voy directo a preocuparme por algo más. No me dejo descansar, coño... Siempre tengo que estar resolviendo algo, en mi mente. Si no es lo que voy a comer, la cantidad de dinero en la cuenta de banco... Si a qué hora me recogen, a qué hora me empiezo a preparar. ¿Qué voy a decir? ¿Qué me preguntarán? Me agobio por resolver toda incógnita que tenga en la vida. Es como si no saber me rejode la existencia. Para no preocuparme de algo, tengo que preocuparme por otra cosa. Esto de desvestir un santo para vestir a otro es una mierda... Mierdas así ocupan mi mente bastante tiempo, y no hago más que tratar de ignorarlas y vuelven a los dos minutos. Es como si no podría solo mirar al cielo y escaparme por un rato. A veces voy a la playa por cinco horas, digamos, y no consigo despejarme. [jeje... Si hablamos como matemáticos, pues siempre despejo para toda variable excepto para mí. No me logro despejar... jeje... chiste mongo. Vuelvo...] Es como si tuviese que siempre buscarme algo en qué pensar. Porque no puedo estar sin nada.

Hay cosas en la vida que toman tiempo, ¿no? Bueno, es más, todo toma tiempo. Y estando en la travesía de entenderse, pues es algo que no se debe ajorar... Pero ya mi mente quiere estar seguro de todo. Tener el control de todo. Estar 100% seguro de lo que sea. Estar seguro antes de hacer cualquier cosa. Vuelvo. No me dejo vivir porque me quedo en la cabeza preocupándome. Agobiándome por cosas que no son tan ciertas o que simplemente no descubriré por mi cuenta o a solas. Estoy tan preocupado de cómo seré en el futuro, que no me permito disfrutar mi presente. No me disfruto. Y si logro poder centrarme en el ahora, ¿mi mente se satisface con qué? ¿cinco minutos?

Yo mismo me he percatado que estando metido en mi cabeza, mientras siento que pasaron como 10 minutos o hasta media hora, miro al reloj y solo pasó ni dos minutos. ¡Y cuidado si medio! Ahí es cuando digo, es cuando me doy cuenta, no me dejo disfrutar el momento. Por más que me lo digan, aconsejen… Por más que yo mismo quiera, no me dejo.

Me es difícil. Lo he podido hacer antes, lo sé. Porque bien recuerdo cómo se sentía estar tirado en la grama, escuchando música, mirando al cielo y disfrutarse el momento. Recuerdo cómo se sentía poder ver un episodio de una serie que me gustó, y verlo porque quería, y podía prestarle toda mi atención a la serie. En estos momentos, tengo dudas, preocupaciones y agobiantes que no me dejan relajarme.

Esta mañana por lo menos me pude obligar a dormir una hora más. Digo obligar porque así mismo se sintió. Contra viento y marea. Me hice quedarme en la cama para dormir algo más, mientras mi cuerpo, aun sin descanso de verdad, se levantaba en automático. Era como si pudiese actuar como si hubiese descansado bien, pero a la verdad que esa no era. Necesitaba dormir.

Ojo. Estaba cansado. No era que no quería salir de la cama… Estaba cansado pero la ansiedad era quien me levantaba de la cama. Por eso digo que gracias a Dios me pude obligar a dormir hasta las 8 am, en vez de amanecerme a las 6… [Ahí ven que de por sí me levanto temprano… y de lo más bien. Yo, si me levanto a las 10 am, siento que perdí el día… pero estas veces, que me he levantado hasta mucho más temprano de lo normal, ahí es cuando digo: algo no anda bien.]

Vamos a ver como transcurre la semana… Veremos.

Oye, ahora digo yo… ¿Estaré hablando demasiado de
malo aquí? No quiero que parezca forzado, pero es que
a veces, no hay mejor palabra que las soeces… Me
perdonan, pero, es lo que es.

☐

¿Fight to live another day, or live to fight another day?

This one is for my college friends…

Acho, les cuento…

Mi penúltimo semestre estudiando afuera, mi clase de diseño, studio le decíamos, tuvimos un viaje a la ciudad de San Francisco. ¡Qué ciudad más encantadora! Sí, tiene una población sin hogar bastante alta [créeme, la hay por toda California, y como cualquier otra metrópolis, lamentablemente tendrá una población significante de esta demografía. La cosa es que San Francisco es de las más altas que está]

Vuelvo al caso. El grupito con quien estaba, éramos cinco, nos dimos la vuelta por Alcatraz durante nuestro último día, después de tirarnos la maroma de irnos al bosque para una aventura mañanera. Durante nuestro tiempo en Alcatraz, no sé qué me dio con hacer la pregunta que es el título de este ensayo: ¿Do you fight to live another day, or live to fight another day? Es decir, [estaría nítido decir por sus siglas en inglés… no sé por qué pero siempre he querido decir eso o escribirlo. Siempre me da un poco de gracia cuando lo leo en el periódico o lo escucho en las noticias]

Me distraje, lo sé.

Vuelvo, ¿luchas para vivir otro día o vives para luchar otro día? Así se traduciría. No sé si la connotación es la misma… Diría que casi casi mantiene la connotación correcta, pero ni modo.

La pregunta es una filosófica. A mí me gusta hablar de filosofía. A uno del grupo también, otro estaba interesado en la pregunta, y dos estaban que ni le hacían caso porque si les preguntas, o dirían que estaba en otra cuando hice la pregunta, o no había de otra en que entenderían la pregunta. Ellos saben quiénes son. Yo me esmeré en mantener mi postura en que yo decido luchar para vivir otro día porque así una vez cuando ganes, podrás disfrutar todo por lo que has luchado. [y al escribir dos o tres de estos monólogos, me di cuenta de que, quizá no debí estar tan certero a quedarme con esa respuesta.]

Todos mis amigos del grupo decían lo opuesto. Vivir para luchar otro día. No sé cómo, pero me tardé 9 meses en entender su respuesta. ¡Puedo decir que fue un parto!

Ahora es cuando me encuentro pidiendo un descanso. Diciendo a toda voz que estoy cansado de luchar. Un tiempo. Por favor. De otra manera, mi mente ha de aprender que no todo es blanco o negro. Y que no solo hay grises, pero un arcoíris entero de colores. Tanto decía que era eso o nada, y ahora mismo me corrijo. No simplemente digo que estaba mal per se, pero que uno puede cambiar de opinión, o no hay que estar todo o nada en la vida.

*　　　*　　　*

Yo me estoy riendo por dentro mientras escribo esto. Es como un, te lo dije… Pero, nada. Me calma. Por lo menos me calma saber que estuve incorrecto. Aunque sea parcialmente. No voy a ceder por completo… Que viva hoy no significa que voy a parar de luchar mañana, o la semana después… o cuando sea. Pero, me gustaría decir que por lo menos, decido estar vivo, disfrutar el momento, vivir, para después, otro día, como dice la pregunta, volver a luchar.

*　　　*　　　*

Les pregunto ahora, qué dirían ustedes, ¿luchas para vivir otro día o vives para luchar otro día? Ya sé yo que no hay respuesta que dure para siempre. Es decir, no te preocupes por contestar sin estar seguro o segura. Eso no es lo importante. ☐

¿Se podrá perder la esperanza?

¿Alguna vez has estado aguantando la respiración debajo del agua? O sea, a propósito. Para ver cuánto duras. Fuese de competencia o de autosuperación. [¿se dice así? Npi. Sigo] Ahora, imagínate que lo haces involuntariamente. Sin razón. (bueno, razón tendrá… pero ese no es el punto). Y más, sin saber por dónde escapar, sin saber por dónde salir del agua. No ves manera de coger aire. Pues, así, no es como se siente un ataque de ansiedad. Pero te da la idea, ¿no? Te pone a pensar. Eso es más lo que quería.

Yo creo que una mejor analogía sería cuando uno se ahoga con su propia saliva… Cuando se te va por el galillo viejo… Y no consigues destaparte.

Cuando te pasa eso por lo menos tu cuerpo trata de salir del ahogo. Pero algunas veces cuando la mente de uno se está cómoda preocupándose, que la misma mente se acostumbra a lo negativo, a la duda, al agobio y a estar siempre alerta, ahí es cuando es difícil salir del ataque. Salir del ahogo y procesar, digerir o tragar bien.

Pues, eventualmente uno se libera, al final todo va a estar bien. No sé cuánto tarde, peor uno suele salir del ahogo. La cosa es que, a veces, el suspiro está tan lejos, la superficie del agua está tan lejos, que uno se cansa y no sabe si parar de nadar y rendirse.

Miento si no me he visto preguntándome eso mismo. Una vez dije, Siento que no puedo más…

Otra, me pregunté: ¿Podré más?

La vez que más miedo me dio fue… No puedo más.

*　　*　　*

Esa fue la vez que más fuerte he llorado en mi vida.

*　　*　　*

Es decir, sí. Sí se puede perder la esperanza. Sí. Es lo último que se pierde, pero eso no quita de que se pueda perder y no se vuelva a encontrar.

No quiero ir a más detalles porque no es un tema del que me gustaría hablar. No por lo que me he cuestionado, sino que sé que existen personas que han pasado de cuestionárselo y han buscado cómo. Que hayan podido frenar, eso lleva valentía y coraje. Mucho más de simplemente preguntarse lo que estoy tratando de insinuar.

*　　*　　*

☐

*　　*　　*

¿Han escuchado del experimento que hicieron con unas ratas? Una inmensa mayoría de laboratorios y experimentos se hacen con ratas, pero al que quiero traer a conversación es el que tomaron un grupo de ratas, y algunas las metieron en piscina que no tenían escaleras ni formas de salir. Primero, las meten en las piscinas a ver cuánto tiempo duran nadando sin parar para no ahogarse. Digamos que el experimento encuentra que las ratas nadan como 15 minutos hasta cansarse. Una vez ven que las ratas se cansaron y no dan para más, los del estudio las rescatan.

Una vez las ratas son rescatadas, y le dan su descanso, las vuelven a meter en las piscinas a ver si al ellas saber que van a ser rescatadas, si nadarían, aunque sea un poco más de tiempo. [no sé cuál es el estudio per se. No me porfíen]

Cuando las ponen a nadar otra vez, se percatan que las ratas se quedaron nadando por mucho más de 20 minutos... creo que hasta horas dice el experimento, o algo así fue lo que leí. Quizá me equivoque, pero el punto es, que las ratas después de saber que las rescataban, después de saber que iban a estar bien, no se rindieron por mucho más tiempo.

No sé lo que uno le pueda sacar al experimento. Cada cuál llega a sus propias conclusiones. Pero diría yo que después que uno entiende o ve que va a estar todo bien, uno se seguirá jodiendo por llegar a ello.

No sé. A mí me tiene sentido. No es que pienso en las ratas cada vez que me da un ataque de ansiedad... Créanme que, si pudiera pensar en las ratas en vez de lo que me preocupase en ese momento, lo haría. Pero pues... Algo tendremos que aprender de las ratas...

[hubiese dicho ratón… meh. El punto es aprender de ellas, pero sin ser ratas… porque sabemos que ser rata tiene una connotación no tan buena aquí en PR].

¿Qué es una escalera sin piso a donde llegar?

Uno de mis amigos más cercanos me preguntó hace poco: ¿qué es una escalera sin piso a donde llegar, sino un puesto de donde tirarse?

… Así mismo quedé yo. No sé si fue por lo crudo que sonó, o si por más sentido que tenga, me hizo dar cuenta de algo bastante clave, la importancia de por lo menos tener alguna meta o propósito – algún piso a donde llegar. Después de escuchar a mi amigo, puedo decir que ya entiendo; o, mejor dicho, simpatizo más ahora con la presión externa que los padres, familia o quien sea le ponen a uno. Por mucho que moleste, para no decir que jo… la intención es que no subas la escalera para después tirarte. Define el piso a cuál quieres llegar.

Ahora, nada despinta lo que uno se tarda en encontrar ese piso. O cuán difícil es poder definirlo, y más aún a edades tan tempranas como los 18 años que uno ha de graduarse de escuela superior, o si vas a universidad, a los tiernos veinte-tantos… Lo que no entiendo es que cómo uno debe planear y decidir su vida si solo es el comienzo de muchos de nosotros. En lo que uno encuentra ese piso a donde uno quiere llegar, uno se ha de tardar, cansar, y hasta perderse en el proceso. Más que evidente saber por qué uno termina exhausto por subir tantos escalones mientras todavía no se ve o se sabe a dónde uno va a llegar.

En algunos casos lo que cansa quizá es un bachillerato que tarda más de lo normal. Otro sería no saber todavía que hacer después de (escuela superior, universidad, etc.) … Lo que sea que aún no le veas el final. Subir esos escalones cansa. Cada cual tiene sus propias escaleras, a algunos se le harán más difíciles que a otros. Pero como dicen por ahí, ¿tanto nadar para ahogarse en la orilla? No creo.

Si aún no hemos llegado a donde queremos estar, si nos falta por recorrer, nada nos dice que no podemos tomar un descanso por lo menos – aquel que, por código, se supone que exista cada doce escalones. Después de fajarse tanto, un descanso no viene mal, y menos cuando uno mismo sabe que se lo merece.

Hay que reconocer que no todos tenemos el privilegio de tomar un descanso. De ser así, uno mismo lo sabría decir. Pero como quiera, si no puede ser un descanso, de seguro se pudiese tomar más despacio. Que ir al paso de uno va, nadie puede decir que no. Aunque exista esa presión externa, con que uno siga subiendo esa escalera, por más rápido o lento que vaya, el punto es seguir subiendo. Sea por llegar a un descanso, o llegar por fin al piso que descubriste, y que puedas disfrutar del descanso, del escalón en que estás, o en el piso a cuál llegaste. Que te disfrutes todo lo que te has fajado, y que por más que hayas subido, esperado, que no sea un sitio para tirarse, ni perderse.

Perderse está en subir, no en llegar. Entonces, si te sientes perdido, sigue subiendo o toma el descanso si puedes, que ya pronto llegas. Lo único es que sepas o no a dónde vas, que sigas subiendo.

*   *   *

Si mal no recuerdo, creo que yo le había enviado este pequeño ensayo a El Nuevo Día a ver si lo publicaban en las Cartas de Lectores que tienen cada cierto tiempo… Es unos días a la semana, pero todavía no sé cuál es… De vez en cuando las veo, pero nunca registro el día que son. Me habían ya publicado dos o tres veces… Nada. Vuelvo. No sé si la publicaron o no en

uno de sus diarios… Es decir, no sé si les debo
referencia o no, si les debo algunos derechos de autor
por esta carta o algo. Sé que uno cede algunos derechos
al enviar ciertas columnas o prosas a ellos. Entonces,
espero que este párrafo sirva de modo de referencia o
cita alguna si la debo. El Nuevo Día no me notifica,
entonces estoy a ciegas en esto. Hago lo que creo que
debo hacer. Espero no meterme en problemas…
☐

Me importa tanto el pasado

A veces me lo pregunto: ¿por qué me importa tanto el pasado? Bueno, es la única referencia que tengo de mí mismo. Es por lo que me dejo llevar, y lo que me hizo llegar a donde estoy. Algo de caso o atención debo de prestarle. A lo que se presta este título es hablarles de uno de mis libros preferidos que descubrí este año. Su título es Labyrinth, por su título en inglés. El autor es turco, el libro está traducido al inglés, y lo leí para mi clase de arquitectura de último semestre. El proyecto estaba basado en la ciudad de Istanbul, y por ende leímos novelas y textos turcos que describían la ciudad. Cual, de hecho, es impresionante. Espectacular. Han de visitarla si tienen la oportunidad.

Vuelvo. El libro trata, o narra la vida del protagonista que intentó suicidarse, pero de una manera que lo logra a medias. Explico. Él sigue vivo, pero perdió su memoria. El género del libro es descrito como ficción psicológica. Es bastante filosófico, y te presenta bastantes preguntas que son tremendas para una introspección o una discusión filosófica. Quizá eso no le guste a todos, pero sé que todos tenemos la capacidad de discutir la filosofía, y todos podemos hablar y sacarle algo al libro. El autor se llama Burham Sönmez. Les recomiendo el libro, de verdad. 10 de 10. Ya me lo leí dos veces, y voy para la tercera. De seguro me lo termino de leer antes de terminar estos monólogos.

Me volví loco con este libro porque te presenta la idea del pasado y la importancia que le damos en nuestras vidas. Y lo hace de una manera preciosamente poética. El autor utiliza los espejos como lentes hacia el pasado, al ver el reflejo del protagonista. El reflejo te demuestra una versión de ti que se pudiese considerar el pasado, porque la versión que ves en el espejo es aquella que carga toda las cicatrices o características del pasado de uno que forman la idea de uno. Pero a la misma vez, el pasado es una idea del cual no siempre es un reflejo simétrico, y lo que veas en el espejo quizá no es 100% lo mismo que tienes en la mente... Algo así. No me acuerdo mucho ahora. De seguro añado algo cuando lo relea, o si me llega algo más, pero en fin. El libro pone en perspectiva cuán importante es el pasado, y cómo uno puede utilizarlo o dejarse llevar por lo que uno puede ver o inferir. O si es que uno ha de dejarse llevar por el pasado por completo.

De una manera, uno puede decir que el pasado siempre estará ahí. Será donde nacen las raíces de uno. Y si seguimos esta analogía, podemos decir que en el espejo ves las raíces en el reflejo, pero ya uno mismo se siente como las ramas o parte del follaje. (No sé si la analogía está incomprensible, pero a mí me tiene sentido). Lo que ves en el espejo es un reflejo, pero el espejo no siempre será simétrico.

[Me falta bastante para poder explicar bien lo que entendí del libro... Espero que por lo menos esto que dije le haya levantado curiosidad y quizá lleguen a leer el libro.]

El protagonista intenta poner las piezas de su rompecabezas de la vida donde van, o por lo menos volver a ponerlas juntas. En ese proceso uno está confundido y perdido entre el pasado y el presente. Es como si la vida fuese un laberinto, y me imagino que de ahí es que salió el título.

[Espero que haber tirado tantas ideas del libro no los confunda tanto. De veras, les recomiendo el libro si les gusta la discusión filosófica, aunque el libro es una novela fácil de leer y aunque no te guste la filosofía, la novela está buena.]

*   *   *

Vuelvo, me importa mucho el pasado porque
reconozco que es lo que me ha llevado a donde estoy
ahora. También, me puede decir quién soy (o por lo
menos ayudar a saber parte de la respuesta). Uno quizá
escucha que hay que dejar el pasado atrás, como dice
José José:

Lo pasado, pasado,
Ya no me interesa,
Lo que pasó en el ayer,
Ya lo olvidé

(canción predilecta de mi papá en el karaoke)

A mí, pues sí me interesa, aunque sea algo. Las
memorias que uno tiene han de valer algo, ¿no?

Bien dice la gente que, si nos apegamos mucho al
pasado, no progresamos al futuro. Pero además de estar
de acuerdo con eso, lo único que digo, es que cortando
las raíces no es la manera de hacerlo.

Mientras escribo esto no sé si me dudo o si me estoy
contradiciendo, pero algo que sé es que, aunque
podamos dejar el pasado atrás, no hemos de olvidarlo.
Sea por nostalgia, o por querer volver… (no creo que
sea lo mismo). Nostalgia es más que querer volver,
porque la nostalgia reconoce que algo cambió. Para
bien o para mal, pero algo cambió. Pero igual. El
pasado no es menos importante que el futuro, diría
yo… pero no más importante que el presente. [algo que
tengo que aprender].

*   *   *

Creo que conseguir el balance entre el pasado, presente y futuro es difícil. Más si la ansiedad te pone a mil.

La ansiedad está basada en el futuro, y tanto enfoque en el futuro suele a ser respondido por enfocarse en el pasado. Una acción siempre tiene su reacción. Física básica. De seguro algo tiene que ver con los químicos en la mente de uno, pero ni modo. Sigue siendo cierto. Esta es la segunda vez que consigo comparar las leyes de Newton con la psicología… Está brutal.

Vuelvo. La ansiedad te jala tanto al futuro que después viene la depresión a llevarte al pasado.

Está cabrón salir de ese ciclo. Yo diría que puedo manejar ya el lado de la depresión bastante, o sé que cuando caigo en ello, sé que he de pedir ayuda y tengo con quien puedo desahogarme.

Ahora me falta manejar la ansiedad. Tengo que cogerlo con calma, lo sé. Pero, la mierda es que no sé cómo. Pretendo tener prisa para así tener todo resuelto. Y así simplemente las cosas no son.

☐

Lo que no sé describir

[este monólogo lo saco directo de mis escrituras diarias o casi diarias que tengo en una libreta. Quizá noten un cambio en tono o en manera de escribir. Les digo esto porque creo que este monólogo es poco más personal que algunos de los otros. No sé si lo notarán o no, pero si lo digo quizá lo noten o lo tomen como una entrada más sincera que otras.]

[Suena Puedes contar conmigo de La Quinta Estación mientras escribo esto... mejor no puede estar]

Bueno, José... ¿Cómo estás? Mañana es tu primer día de trabajo oficialmente...
-        Siento que tengo el frío olímpico.
Tengo el pensamiento de que esto no es lo que quiero. Es como si me estuviera dejando ahogar en la orilla después de tanto nadar. Es como si tuviese miedo. Miedo de que quizá no sea lo que siempre quise. (No me gusta usar las palabras definitivas) Lo que quiero decir es que, después de anhelar tanto este día, siento que hago algo mal.

He estado, o, mejor dicho, he tenido momentos en que me despego por completo de quien soy. O quien fui. Es como si rompiese por completo la transición entre el pasado y el presente. Y además de eso, estoy en el mindset de todo o nada. Es como si el trabajo será un hard yes o un hard no. Como si basara mi vida entera en ello.

Y reconozco que no es así, Que tendré mi propia vida, y que podré hacer lo que quiera... Algo que busco aprender es aquello que leí del 22:22 – la dualidad de la vida, no todo es una cosa o la otra, que todo puede ser parte de uno. Uno puede ser esto y también lo otro. Es parte de ver la vida a través del lente del "y" en vez del "o". Esto y lo otro. No esto o lo otro.

Esto de tener o querer tener todo a ciencia cierta te come por dentro. Es como si desconfiases en ti mismo. Quiero confiar en mí mismo. Confiar en mí mismo y saber que lo hice, lo hago y lo haré bien. Sé que estaré bien. Pero es mi mente que me aguanta y no me deja dar un paso al frente.

Gracias a Dios el tiempo sigue hacia adelante, porque si frenase el tiempo cada vez que me meto en la cabeza, no tendría los 22 años que tengo hoy. Puedo confiar en que la vida sigue, y que he de disfrutármela de igual manera.

*   *   *

Quiero volver al punto de dejarme ahogar en la orilla. Eso es algo que aún no sé describir. No sé si es el pensamiento que me hace cuestionar todo lo que he hecho, hago y querré hacer, o si viene de aquella idea de que me hace preguntarme que, si finjo, cuando no siento que he fingido en las cosas que me hacen yo. Bueno… si fingí en ser hetero hasta mis 19 años, pero eso no viene al caso. Ambas de estas ideas, pensamientos, me llegan a desconectar de todo. Del voleibol, del piano, de la historia, de leer, de escribir, del encanto que le tengo a los lenguajes, a las cosas que pasan día a día en nuestro mundo. Me aleja de las relaciones que tengo, amistades. De mi familia. Me aleja de mí. Juro que una vez me sentí que ni si quiera estaba en mi cuerpo. Era como si viviese en tercera persona por unos minutos. Estuvo de loco. No digo que no lo esté, pero contra. Eso no era.

La cosa es que cuestionarme no debe de desaparecerme por completo, ¿no? Creo que eso es una pregunta para hacerle a la psicóloga. Te aviso, José, de lo que nos diga.

*   *   *

[Creo que yo hablarme de tú a tú tiene que ver un poco con mi locura… pero pues… veremos]

Hasta ahí llegó lo que escribí el 4 de julio del 2022. Además de ayudarme a conseguir algo para el libro, es de unas de las ideas que justo me afectan en estos días, y como dije, si no fuese que el tiempo sigue, no haría nada. Creo que la canción que salió al empezar a escribir este monólogo fue idónea porque me ayuda a confiar en mí mismo y de la misma manera, contar conmigo. La playlist que tengo cuando escribo o para procesar sentimientos o para solo ser y estar, Constantinopla (la pueden conseguir en Spotify) está buena, y ya me ha hecho llorar par de veces…

Hablando de eso, las canciones que más me han hecho llorar en estos días son: *Amor y Control* de Rubén Blades, *Hold On* de Adele, y *Color Esperanza* de Diego Torres. Hay dos o tres más pero esas canciones son las que son al momento…

Vuelvo. Otra cosa que quiero procesar y aprender es lo que dije de la dualidad. De que no todo es blanco o negro, que no es una cosa o la otra. No todo es un 100%. Fijo mi vida en ese pensar y me pierdo porque no consigo saberlo a ciencia cierta y ahí me voy.

22:22 siempre ha sido mi hora favorita. Es como 11:11, pero algo más… No sé si me explico. Los números 2, 12, y 22 son los que me identifico de alguna manera. No sé un carajo de numerología, pero algo deben tener.

Creo que me fui de tema bien fuerte ahí… Sigo para la próxima.

☐

Estoy perdido

Creo que fue un tiktok que decía, estar perdido sigue siendo un lugar. Estar perdido, o saber que uno está perdido, te dice que sabes donde estás. No sé si me entienda. Es como el concepto del cero. El cero es nada, pero sigue siendo algo. El cero no tiene valor, pero no es que no tenga valor es que su valor es nada.

Otra analogía. Es como el frío, que, en otras palabras, es simplemente la ausencia de calor. Pero le seguimos llamando frío. Catalogamos la ausencia de calor como frío, y la ausencia de luz, oscuridad. Ambos son falta de algo, pero a esa falta como quiera le damos nombre, le damos valor. ¿Por qué no hacemos lo mismo cuando estamos perdidos?

¿Por qué nos da una perse cabrona estar perdidos? O simplemente no saber qué hacer. Algunas veces necesitamos esos momentos de estar sin saber porque simplemente son parte de nuestra realidad. Hemos sido inculcados en saber qué queremos hacer con nuestra vida desde bien temprano. Y si no sabemos, nos ajoran por saber o darle una respuesta. [De seguro eso tiene que ver con la prisa que tengo]. Y el colmo es que los que nos dicen que no hay prisa son los adultos, que de por sí ya aprendieron esa lección, pero igual, son los primeros en que preguntan y ajoran por tener una respuesta.

[Y lo que digo en el primer párrafo es, que estar perdido o no saber sigue siendo una respuesta válida a esa pregunta.]

Tanta prisa, tanta incertidumbre, que no hacía nada. La prisa por estar produciendo o haciendo algo versus la incertidumbre inevitable no me permitían averiguar o experimentar.

Ya me cansé de no hacer nada. Quiero vivir. La mierda es que cuando trato de dar dos pasos hacia adelante, mi mente me empuja a dar tres pasos hacia atrás. Se queda cómoda en el limbo de preocupación e inacción, que me pone bastantes peros de frente. Que si este trabajo no es el que quiero, que si todo lo que has hecho, al final se va por la borda.

Oka, si se va todo por la borda, ¿pues qué? Pero por lo menos intentémoslo antes de descartar algo sin saber lo que es. ¿Que si te sientes incómodo haciendo algo nuevo? Sí, ¡pues claro! Pero date tiempo. La vida sí se puede acabar en un abrir y cerrar de ojos, pero la probabilidad que eso pase es una en no sé cuánto. También, si piensas así, ¿por qué gastas tu tiempo preocupándote? Disfrútate donde estás. Anda. Aprende no solo por teoría, sino por práctica.

¿Que si estás perdido? Sí. Por lo menos sabes dónde estás ubicado. Estás perdido. Eso te da la libertad para explorar y averiguar. ¿Cómo dice la canción? Mejor perderse que nunca embarcar.

*   *   *

Hablando de esto, mi poema favorito es *Instantes*, de Jorge Luis Borges, se los plasmo aquí:

Si pudiera vivir nuevamente mi vida,
En la próxima trataría de cometer más errores.
No intentaría ser tan perfecto, me relajaría más.
Sería más tonto de lo que he sido,
De hecho, tomaría muy pocas cosas con seriedad.

Sería menos higiénico.
Correría más riesgos,
Haría más viajes,

Contemplaría más atardeceres,
Subiría más montañas, nadaría más ríos.
Iría a más lugares adonde nunca he ido,
Comería más helados y menos habas,
Tendría más problemas reales y menos imaginarios.

Yo fui una de esas personas que vivió sensata
Y prolíficamente su vida;
Claro que tuve momentos de alegría.
Pero si pudiera volver atrás trataría de tener
Solamente buenos momentos.

Por si no lo saben, de eso está hecho la vida,
Solo de momentos; no te pierdas el ahora.

Yo era de esos que nunca
Iba a ninguna parte sin un termómetro,
Una bolsa de agua caliente,
Un paraguas y un paracaídas;
Si pudiera volver a vivir, viajaría más liviano.

Si pudiera volver a vivir
Comenzaría a andar descalzo a principios de la
primavera
Y seguiría descalzo hasta concluir el otoño.

Daría más vueltas en calesita,
Contemplaría más amaneceres,
Y jugaría más con niños,
Si tuviera otra vida por delante.

Pero ya ven, tengo 85 años…
Y sé que me estoy muriendo.

Jorge Luis Borges

*   *   *

La primera vez que me topé con este poema, me gustó, pero cada vez que lo leo me resuena más y más intento aprender de ello. Vuelve a hablar de vivir con menos preocupaciones, y tratar de no estar tan listo cuando uno hace las cosas. Es algo que cada vez que lo leo, me calma, me ampara un poco de mis preocupaciones, y me da algo de esperanza, o tranquilidad, mejor dicho, en que no hay que estar preocupándome por todo siempre. Es bueno estar perdido, y no hay que preocuparse por encontrarse de nuevo. No hay que tener prisa.

☐

Carta a mi pequeño yo

José Alfredo, Che, Chafeyo, Josie, Tete,

Te hablo yo. Soy tú, pero unos añitos te llevo. Te quiero hablar. Quiero que sepas que todo saldrá mejor de lo que esperabas. Quizá yo no me lo crea, pero si me dejo llevar por ti, te digo, todo va a salir bien. Solo te digo, que quisiera que supieras todo lo que tienes contigo en esos momentos. Aprécialo. Agradécelo. Algo que aun nos falta por aprender es no tomar las cosas de por sí. "Don't take things for granted." No sabes el privilegio que tienes. Algunos quizá lo llamarían suerte. Yo no creo que sea suerte, porque bien sé cuánto has trabajado para llegar a donde estoy yo ahora, pero reconozco que tenemos suerte de la buena. Tuviste razón al nombrar nuestro primer perro Lucky. Tremendísima idea. ¡Ve tú a saber que existe un segundo Lucky! Hay que seguir con esa temática de nombres. Sorte y Fortuna suenan bien... Te aviso.

Siempre has sido una persona atenta, astuta, atenta a los demás, optimista, alegre y social. Gracias por ser tú. Por mantenerte fiel a tus valores. Lo que sí te diría es que te preocupes por ti también.

Hemos logrado hacer muchas cosas, y trabajarás para lograrlas, y te digo, los frutos llegarán. Pero igual te pido que los disfrutes cuando lleguen. Disfrútalos y no los pases por desapercibidos. Reconoce lo que has logrado y lo que lograrás, porque mucho te has fajado para que ni tú mismo veas lo que has hecho. ¡Te has convertido en una persona espectacular!, te lo digo yo. Seguimos en contacto con nuestras mejores amistades, y te aseguro que vas a tener más. No sabes lo que te espera. Descubrirás que te gustan muchas cosas, más de las que te imaginas en estos momentos. Solo recuerda, la vida no se trata de una cosa o la otra, es todo a la vez. Una y la otra. Disfruta.

Sé que tu hermano y tú siempre andaban peleando… Aún recuerdo lo que papá todavía nos sigue diciendo: "ustedes dos son lo único que tendrán eventualmente." Pues te digo, que, aunque sean personas distintas, y anden a encontronazos por mucho tiempo, ten en mente que el respeto siempre estará ahí. Igual con la confianza y el amor. Igual para ti, igual para él.

Igual. Nadie dijo que la vida es fácil. Te vas a encontrar con cosas por el medio. Obstáculos, contextos, preocupaciones y circunstancias, hasta contigo mismo. Ten en mente que todo va a estar bien al final. Van a llegar momentos en que te canses, en que digas que quizá no puedas más… Sí, lo sé. Da miedo saber que tienes momentos así por delante. Pero, sabes, que cuando llegue el día o la noche, recuerda que puedes pedir ayuda. Que no estás solo. Tienes a tus amigos. A tu familia.

La vida no va a ser fácil, pero recuerda disfrutarla. No hay que escapar de nada. Todo se trabaja, todo se brega. No estás solo. Ámate, Exponte, descubre y explora.

Recuerda también que la vida no se acaba con el trabajo. Si con los estudios. Al revés, la vida sigue. Otros dirán que ahí es que empieza. El tiempo es un concepto brutal. Aquí estoy escribiéndote de hoy para muchos años atrás, pero igual podrá ser para nosotros del futuro.

Mi pequeño José Alfredo, sé que sigues ahí. Recuerda, estás en un sitio seguro. Estás conmigo. Relajémonos y disfrutemos de esta aventura.

Te amo,
Recuerda eso, y sigue hacia adelante.

-        José Alfredo.

☐

Una cosa lleva a lo otro

El tiempo es un concepto que aun no entiendo…
Mucha gente habla de que, si el tiempo se va a las
millas, o si se va lento. Yo he sido uno de ellos. No me
tomen a mal, pero algo que me pone a pensar es que la
gente dice que los años universitarios son, uno, lo mejor
o la mejor parte de la vida de uno; y dos, que se van
rápido. A mí, ninguna de esas frases es cierta. De mis
cinco años de universidad, solo me disfruté el último. Y
cuando hablaba de mis semestres, siempre decía que el
tiempo pasó normal. Ni rápido, ni lento. Se sentían no
eternos, pero que duraban bastante.

Cuando digo que me disfruté un año de los cinco, no
digo que no tuve momentos bellos, y positivos en los
otros cuatro, pero, si pongo lo positivo y lo negativo en
una balanza, lo negativo (la ansiedad, sentirse solo,
sentirse lejos de casa, sentirse que no pertenecía)
sobrepasa lo positivo. Sé que la vida no es color de rosa,
pero lo que me jode es que sé que lo negativo fue más
de la mitad de mis primeros cuatro años de la
universidad. El último fue el que lo positivo pudo ser
más del 70% del tiempo. Por eso digo, mi tiempo en la
universidad no fue el mejor.

Ahora que me gradué, ya por fin veo que mi vida es mi
vida, y veo la vida que tengo por delante. La cosa es,
que en mi mente está o existe la prisa. Esa misma prisa
que ya llevo mencionando. Y esa prisa que quiere tener
todo resuelto, es lo que igual no me deja dar un paso
hacia adelante.

En este nuevo trabajo que tengo, justo cuando
empiezo, mi mente buscaba hacerme no ir, porque me
empezaba a imaginar el tiempo que iba a estar en el
trabajo. Es como si sintiese que al no ver el fin, o no

saber, me desmotivaba. Yo mismo aun no sé describir cómo veía al tiempo, o cómo lo veo.

Quiero decir, me asustaba porque no sabía cuánto tiempo voy a estar dónde esté. Como si donde estoy fuese para siempre. Creo que estar por fin libre de alguna institución por tiempo, me ha permitido entender o empezar a entender esto. Es como una desesperación de no estancarme, de no quedarse en el mismo sitio... Cuando uno ni si quiera está incomodo en donde está, pero le entra el culillo a uno y lo primero es querer cambiar. Y ahí tengo que decir que tomémoslo con calma, absorber el presente, y no querer estar en movimiento siempre. Hay que descansar. Es como una sensación de que, si no te sientes cómodo desde el principio, eso no es. Y vamos para lo próximo... Es algo que mi prisa junto a la noción del tiempo no la hace.

[No sé si esto tiene sentido, pero, ni modo.]

Empiezo a tratar de dar un paso hacia atrás, o si fuese para al ante, tratar de volar antes de correr. Y yo mismo me tengo que decir, date la oportunidad. Date tiempo. El tiempo seguirá hacia adelante. Disfruta donde estás y haz lo mejor de ello. Estás dando el primer paso, y sabes que no hay que estar o tener todo resuelto antes de darlo.

No sé por qué, pero esta primera semana se ha sentido como un forcejeo entre yo y yo, uno teniéndole miedo al tiempo (porque aún no lo entiende), versus el otro que quiere dar el paso porque sabe que se ha fajado bastante para llegar a donde está. [Y lo más seguro hay un tercero, pero ese no lo conozco todavía].

*　　*　　*

Me distraje con la idea del tiempo. Es que una cosa lleva a la otra. (Ahí pude conectar el título con el tiempo).

Lo que quería decir es que, pues, siempre he tenido un lapso definido a lo que haría en mi vida en ciertos momentos. La universidad, la escuela superior… En lo que llegaba y se cerraba ese capítulo, hacía lo que podía. Ahora, el lapso de la vida no está definido. Ahora veo y siento lo indefinida que es la vida. La incertidumbre que reina el día a día. Ahora siento la libertad de la vida y lo que es no saber cuándo acabarán las cosas. Esto es lo que me ha hecho no apreciar las cosas como debo.

Pero vuelvo. Ahora, pensar en el año que viene, sin saber lo que va a pasar, es confuso. Hasta en la semana que viene. Como que, no creo que ahora me toca decidir lo que haré. Es como si no supiera qué hacer ahora. Vuelvo a estar perdido. Pero igual, el tiempo es como algo que pone todo en orden, ¿no? ¿Qué en específico pone en orden? No sé. Eso nos toca a nosotros. Pero sí, no sé lo que quiera decir del tiempo, pero sé que he estado trippeando bastante en estos días por pensar en ello.

*   *   *

Hay tanto que se puede decir del tiempo, pero, aunque no nos quedamos sin tiempo, si nos quedamos sin palabras y léxico para describirlo y explicarlo. Lo único que sé es que es bien confuso. No me había percatado cuánto dependía de las rutinas y los patrones para seguir con mi vida. Lo que sea que signifique eso.

☐

Una parte del duelo

Algunos le llamarían suerte a todavía solo conocer la muerte desde lejos. A mí me gusta decirle una bendición que aún no aprecio por completo, tener a mis cuatro abuelos conmigo. Igual con mis padres y hermano. Y con tanta mención de disfrute y apreciación en estos monólogos, siento que es casi inevitable hablar del duelo y de la muerte. Uno, no es un tema fácil de hablar. Es delicado, pero no frágil. Pone todo en perspectiva. Mejor dicho, nos centra en lo que es la vida (por más fresita que suene).

Siento al escribir esto, que hablo de un desconocido. Sinceramente no sé qué decir ni cómo describirlo. Es un privilegio poder decir que no conozco la muerte de primera mano. Lo más cerca que puedo llegar es al duelo, que por lo menos es la emoción que sentimos y compartimos como personas. Es un proceso que nos toca a todos, sea como y cuando llegue, y por más que queramos, no podemos evitarlo. Es algo que hay que sentir, y por eso digo que mi temor no es pasar por el duelo, sino no sentirlo.

[Aún no he hablado de la indiferencia, quizá lo haga aquí, en unos momentos... Tendré que ver cómo conecto el duelo y la indiferencia... pero mientras uno se envuelve en el mundo de uno, uno puede llegar a perderse el mundo exterior. Eso mismo es...]

Mi temor está en que cuando llegue la muerte, no que la reciba con brazos abiertos, ni repudiarla. Mi temor está en que ni tan solo la reconozca, y, aun así, seguir como si nada. Eso es lo que puede causar la indiferencia.

*   *   *

El tema de la indiferencia sale de mi interés por el estoicismo, la filosofía de Marco Aurelio, Séneca, y uno más que no recuerdo en estos momentos. Se pudiese resumir en que el ideal es que pase lo que pase, uno siga y podrá seguir hacia adelante. En palabras de algunos, dirían salir ilesos, apáticos. Pero también hay otra vertiente que reconoce que uno aprende de lo acontecido (aunque quizá esta sea una interpretación moderna). De ahí sale la indiferencia (o por lo menos la idea que busco conectar con el duelo). Al final de todo, uno ha de mantenerse, como si lo externo no afectase. Como si obviase la experiencia humana y limitar la expresión de emociones (de ahí saco la connotación poco despectiva a la indiferencia).

La interpretación que más resuena conmigo es la de Séneca. Séneca, por su lado, mantiene que sentir es parte de la experiencia humana, y permite que las emociones sí nos conmuevan, y mantiene la idea de seguir hacia adelante. Reconoce también el error humano, y ve la idea de indiferencia no como meta, pero como un proceso que se consigue al hacer las paces con las emociones... (algo así, me tengo que leer su libro otra vez).

*   *   *

Yo antes veía la indiferencia como un superpoder. Como algo bueno, algo admirable. De seguro te mantiene firme, pero igual te aísla.

La indiferencia me era una manera de evadir las cosas. Siéndoles honesto, me funcionó, pero me cansé de no sentir nada. Me cansé de meramente existir.

*   *   *

Vuelvo al duelo. No quiero caer en la confusión de sentir versus reconocer. La indiferencia como efecto tenía el no sentir, pero la causa es el no reconocer. Cuando digo no reconocer, me refiero a algo similar de lo que hablé del cero, el frío o la oscuridad. Si no reconoces algo, no puedes decir ni sí o no. No te tiene valor. Mientras, aunque aceptes o no algo, de igual manera estás respondiendo a algo, que de por sí le das valor.

En fin, es eso. Espero poder sentir todo lo que venga. Lo bueno y lo malo.

*　　　*　　　*

Todavía no consigo como cerrar este ensayo, pero me acordé. La indiferencia es como si fuese un override de la ansiedad. Si no reconozco la preocupación, no hay preocupación que valga. No querer sentir la ansiedad fue lo que me llevó a la indiferencia. Ahora, si quiero sentir algo, no puedo seguir evadiendo. Sea lo que sea.
☐

Bagaje

No sé cómo este tema prosigue después del duelo, pero sé que quiero hablarlo.

Hoy, fui junto a mi familia a unos actos fúnebres de una tía de mi mamá. Con lo dicho en los ensayos anteriores, pues, esta fue mi vez más próxima a la muerte que he tenido. Lo único que sé es que todo sucedió muy rápido. La noticia llegó un jueves en la noche, y el domingo fue el entierro.

Todo estuvo precioso. Sí, son momentos tristes, pero igual no podemos olvidar que esos momentos igual celebran la vida.

El entierro fue en el cementerio municipal de Ciales, de donde es mi familia del lado de mi mamá. Es decir, que en ese mismo cementerio se encuentran más familiares que ya han pasado a mejor vida. Familia que yo no llegué a conocer, pero que aun así formaron parte de la vida de mi mamá y abuelos. A lo que voy es, cuando llegamos al cementerio, empezamos a buscar a los familiares de mi abuela, sus padres. Llegamos al panteón de quien sería mi bisabuela. Mi abuela, mamá, mi hermano y yo nos tomamos el tiempo para rezar escuchar a mi abuela hablar. Me tomó de sorpresa escucharle. Fue algo que nunca había visto. Mi abuela se empezó a disculpar con su mamá. Escalofrío. No sé por qué, pero fue una epifanía escuchar a mi abuela hablarle a su mamá. Al escucharla, conocí más de ella. Me hizo recordar que todos hemos sido hijos, y podremos ser padres y hasta abuelos. O mejor dicho, todos tenemos y pasamos por la vida.

Ver a mi abuela pedir perdón por lo que fuese, me hizo notar los paralelos que existen en muchas relaciones filiales de muchos de nosotros. Entre mis padres y mi hermano y yo, mis abuelos y mis padres, etc.

Yo siempre veía a mi abuela como mi abuela. Nada más, nada menos. Como la conocí. No me pasaba por la cabeza que ella igual que todos tuvo juventud. Aunque uno lo da por acertado, al ver las fotos, escuchar sus anécdotas… pero esta vez, al verle entre lágrimas frente a su mamá, fue un golpe de agua fría.

*   *   *

Todos tenemos bagaje. Todos tenemos experiencias de vida. Todos tenemos niñez, juventud, adultez y vejez (curioso que juventud es lo único que termina diferente). Todo esto se nos pasa por un oído y sale por otro por siempre estar metido en la mente de uno. Siempre vemos la vida desde nuestra perspectiva. [Pues obvio, solo tenemos nuestros ojos] Siempre lo vemos desde nuestro punto de vista y se nos olvida que todos estamos en el mismo juego de la vida. Unos más al antes que otros, unos ya con experiencia y bagaje. Pero nunca lo pensamos dos veces.

Damos por cierto lo que vemos. Como si cada persona que conocemos es solo lo que nos muestran. Claro, no hay que ser vulnerable con todo el mundo, pero sí empáticos y entender que cada uno tiene sus propias luchas.

*   *   *

Para atarlo a la ansiedad, pues la ansiedad te puede hacer creer que eres solo tú quien tiene ciertas preocupaciones. Que solo tú te estás comiendo por dentro. Que los demás están bien y que estás fallando en lo básico por no tener todo resuelto. Por más falso que es ese enunciado, la ansiedad no nos deja tranquilo.

Algo que a mí me calma un poco y me da un poco de gracia es pensar que todo el mundo se está preguntando lo mismo que yo. Me da un cierto alivio saber que habemos dos o tres en las mismas.

Sí, lo sé. No todos estamos preguntándonos o preocupándonos por lo mismo, pero igual sigue siendo una media verdad. No tendremos las mismas preocupaciones, pero de que todos tenemos preocupaciones, sí. Todos tenemos bagaje. Cada cual tiene su historia. No vas a conocer la historia de todo el mundo, ni todos van a conocer la tuya, pero de seguro hay cierto alivio saber que uno no está solo.

☐

Yo lo que quiero es poder equivocarme

Yo lo que quiero es poder equivocarme. Poder salir de lo que se espera de mí. Poder explorar y conocer sin ser reprendido. Poder liberarme de las expectativas externas, y así no tenerme que sentir indebido por sentir que hice algo mal.

No quiero decir que no me equivoco, que no fallo, sino que simplemente quiero poder aprender por experiencia propia. Aprender viviendo, en vez de aprender por las vivencias de otros. Quiero tener mis historias. Mis cuentos. Mis días buenos y no tan buenos.

Quiero poder sentir que puedo llorar, reir, cantar, bailar, gritar, hablar, comentar lo que me nazca. Lo que salga de la nada. Quiero expresarme libremente. Ser yo, sin tener que pedir disculpas. Ser yo. Tener mis errores, y a la vez, poder expresar mis debilidades y virtudes, sin ser juzgado.

Yo lo que quiero es poder equivocarme. Yo lo que quiero es poder ser yo, sin tener que pedir perdón.

Mis intenciones no son hacerle daño a nadie. No quiero ofender, faltarle el respeto a nadie.

Lo único que pido es, lo que quiere todo el mundo: hablar, y ser escuchado. Sin reprendas.

☐

Mi mente no descansa

¿Cuánto daría por ser ignorante otra vez tan solo un día? Ignorance is bliss, dicen en inglés. ¿Cómo sería en español?, no me viene a la mente ahora.

He aprendido bastante. Datos, emociones, experiencias… y he tenido bastante tiempo (para no decir demasiado… gracias, COVID-19. Te llevo.) como para hablar solo, reconocer y darme cuenta de lo que hago, pero a un punto en que estoy alerta y noto hasta lo más mínimo. Es bueno poder reconocer. Así uno sabe y puede admitir lo que hace o sus errores, pero algunas veces, poner todo bajo la lupa cansa. Uno, es exhaustivo querer disecar todo. Buscarle la razón a todo. Cansa pensar, por más simple u obvio que suene (para no decir pendejo). El cerebro de por sí toma gran parte de la energía que produce tu cuerpo. So, imagínate si el cerebro está a millón todo el tiempo, va a llegar el momento en que no puedo satisfacer lo que necesito.

Dos, la mente, o por lo menos la mía, habla. O, mejor dicho, sí busca, activamente, pensar en todo. Pero, la cosa es, es casi imposible pensar en todo a la misma vez. Los pensamientos ocupan espacio. Tiempo y espacio. Entonces, si ponemos que mi mente se enfoca en muchas cosas, ahí, de por sí, se va mucha energía y bastante tiempo, gastado en solo pensar. Por eso digo: ¿cuánto daría por… No ser ignorante, quizá eso se malinterprete. Pero, cuánto daría por no pensar. Por solo estar en el momento, o estar y ya. Apreciar lo que tengo por simplemente tenerlo. No pensar en cómo lo conseguí, qué necesito para mantenerlo, que si tengo que hacer algo para apreciarlo, que si lo he usado, que si lo analicé, que si hice lo necesario. Simplemente quiero agradecer, ser agradecido, y ya. No hacerlo por tal y cual razón. Simplemente decir: ¡qué bueno! ¡Qué brutal! Y ya.

Es como poder descansar después de decir algo, o después de sentir algo. Es poder decir: estoy alegre, y disfrutarme el momento sin decir o preguntarme: ¿cómo llegué aquí y por qué?

Esto pasa con lo positivo y negativo por igual. Con lo lindo y no tan lindo. Como dije, cuando estoy feliz o disfrutándome algo, me pregunto por qué y la mente busca, de una manera, bajar la nota. O si estoy en un día no tan bueno, mi mente me regaña por estarlo.

Si estoy relax, o sin hacer nada, mi mente rápido busca algo en qué pensar o en discutir con uno mismo.

No podemos creer y mirar el paisaje. No podemos ver el camino solo por observarlo. ¿No podemos estar en la hamaca y simplemente mirar al cielo? O estoy distraído con el teléfono en mano o pensando en lo que sea.

Me cansa pensar todo el tiempo.

Mi cuerpo pide descanso. No. Mi cuerpo necesita descanso. Tampoco. Mi cuerpo recibe su descanso. Es la mente que no se deja descansar ni un segundo.

*   *   *

Yo no sé en cuántas partes se divide mi mente, pero antes, estaba la parte de José, y la parte de Alfredo. Una se habla a la otra. Logré unir las voces, creo. Pero ahora parece que hay otra parte más. Está José, está Alfredo… Creo que es Alfredo el que necesita el descanso. Alfredo lleva manteniendo a José a flote por bastante tiempo, que ahora le toca a José. Pero parece que hay obstáculos en el medio.

Algo le dice a José que… No sé; aun no puedo ponerlo en palabras. Lo que sé es que algo se perdió, porque no me siento igual. Pero si se perdió, eso significa que se puede encontrar.

La cosa es que estoy loco por encontrar lo que se perdió, pero igual reconozco que necesito descansar. Pido un descanso. Lo que pasa es que mi mente ha estado tan activa todo este tiempo, que parece que no sabe cómo descansar.

La única maner que encuentro "no pensar" es haciendo o trabajando en algo. Enfocándome en otra cosa. Como si fuese una distracción. Funciona. Pero hay algo de utilizar la palabra distracción que no me convence o no está bien. Es como si fuese evadir algo. Y por más que me duela, no me gustaría evadir nada.

Oka, quizá el plan en sí no sea no pensar, sino pensar, pero no ser afectado por ello. Es decir, no identificarse o problematizar todo lo que pasa por la mente. No traer a correlación todo. Dejar que los pensamientos sean pensamientos. Nada más.

Pero parece que la ansiedad tiene otros planes.

Tendré que bregar.

☐

¿Orgulloso? ¿Quién?

Hay una diferencia que no se ve a simple vista cuando se trata de sentirse orgulloso. Uno logra una hazaña, y te sientes alegre por lograrlo, y lo compartes con los que amas, los seres queridos, amistades, quien sea. Algo que hice. Que completé. Que me sube el ánimo… pero algunas veces no llega ese sentir.

La diferencia está entre qie te sientas orgulloso, o que hagas otras personas orgullosas. No sé si me entienda. Que otras personas estén orgullosas de ti. Ambas son positivas, pero la diferencia está en a quién le pertenece el orgullo.

Cuando alguien, sea quien sea, dice, que están orgullosos de ti, te da un sentir que lo lograste. Que lo hiciste bien. Pero se pudiese mal interpretar al entender que uno hace algo por esa persona, para que se sienta orgullosa de uno. Esa interpretación lo que hace es que hace ver la hazaña con intención de hacerla por otro, en vez de por uno.

En mi caso, por ende, el desahogo, es que puedo decir que he hecho mucha gente orgullosa, que se me olvida hacerme orgulloso a mí mismo. Olvidar es una exageración, pero últimamente, hacer orgullosos a los demás toma la primera plana.

Ahora, en el proceso de hacerme orgulloso, trato de recobrar el valor de todo lo que he hecho. Diciéndome que estoy orgulloso de lo que he logrado, de quien soy. De estar aquí.

Pero por más que lo diga, no me entra.

Tuvo que otra persona decirme: siéntete orgulloso para empezar a entenderlo.

Muchas cosas de las que hago, y las que he hecho, las doy por certadas. Como si fueran nada. Eso es lo que tengo que hacer. Lo cumplí. Y ya. Cuando lo que necesito es verlos como los logros que son.

Tengo de tarea volver a sentirme orgulloso. Darle valor a lo que hago. Hice. Haré. Y no tan solo eso, lo que hago por mí y para mí.

Apreciar mis logros. Celebrar mi vida.

☐

Mi mente no descansa, pt. 2

Te lo dije que no descansa. Por algo hay una parte 2 de este ensayo. Aunque no sé si tenga algo que ver con el otro.

*   *   *

Da la mala pata que hoy domingo me empiezo a enfermar. ¿Por qué? NPI. Te cuento ahora.

Ayer fui a un concierto donde llovió, pero esa no creo que fuese la razón, sino que fue lo que colmó la copa y me hizo de una enfermarme. Y hoy, para añadir, corrí, y a mitad de camino empezó a llover. Y eso que no había nubes en el cielo cuando salí.

La mierda es, me empieza a doler la garganta bien feo a eso del medio día. Y según pasaban las horas, más intenso se ponía. Sabiendo que se podía poner peor (noticia de última hora: se puso peor), me quise acostar temprano a eso de las ocho de la noche para poder descansar suficiente, ver si se me pasa, y poder salir al trabajo mañana.

Dan las 8, y tras una pastilla que no hizo nada (claro, los antibióticos no son de inmediato), gárgaras con agua salada, eso sí bregó un poco; pero a los 15 minutos se fue. Vicks, no hizo nada. 9:30 pm, apago el aire. Por lo menos hoy no se ha ido la luz (aún). Apago el aire. Busco una menta para la garganta, que se le fue el efecto después de cinco minutos. Medito. A ver si me entra el sueño. No es que no me entrara el sueño, porque estaba muerto del cansancio. Era más a ver si me duermo de una vez. Me muevo, estiro. Me cambio otra vez. Nada.

10:30. Nada.

11:30. Nada.
12:30. Se pone peor.

Y no es como si estas horas pasaron y ya. Durante todo este tiempo, mi mente iba por sus cuchucientas tangentes y sin frenos. Que si, ¿qué tengo? ¿Qué dice Google? ¿Cuáles son los síntomas? ¿Cómo lo habré cogido? ¿Tendré que ir a sala de emergencia? ¿Qué me dirán?

Hola, soy José Alfredo. Padezco de ansiedad (pero no diagnosticada). Lo más seguro hipocondriaco (pero leve). Gay. (¿Eso tendrá que ver?)

¿Podré ir al trabajo mañana? Tendré que ir temprano, recoger todas mis cosas, regresar a casa, y empezar el día desde aquí. ¿Tendré que usar mascarilla?

¡Cuánto cuento me hice en la mente! Entre dejar la mente irse en la tangente, o estar pendiente al dolor de garganta insoportable que tengo.

Eso es lo que me hace la ansiedad. Me desasocia del cuerpo. Sí, estoy enfermo, pero mentalmente no lo siento (o de esta manera no lo siento). La ansiedad va por su camino y cuidado si regresa.

Después de meditar, estirar, dar seis vueltas en la cama, decidí empezar a rezar. ¡Para qué fue eso! Esa tangente pareció como si me metí perico o algo, contra (no es que lo he tratado). Un viaje tremendo eso fue. Preguntándome, ¿cuál es el nombre de Dios? Empecé a hablarle y tratando de entender los coquís como si fuesen sus respuestas. De ahí brinqué a que Dios es la naturaleza, todo lo que me rodea. (Esto tiene un grado de veracidad, pero a eso no es lo que voy). A lo que voy es que se me olvidó la razón por la cual empecé a rezar de una. Media hora estuve ahí hablando. Me olvidé de que estaba enfermo. Volví. Me traje al momento. Respiro. Trago. Me duele con cojones… y ahí me fui en otra tangente. Que si yo soy yo. Que, si cambio de identidad, si eso me borra, borra mi pasado… Me imaginé borrándolo. Esos pensamientos los dejé correr. ¿A qué llegaron? NPI. Lo más seguro tomaron otra tangente. Que no me gusta dormir solo. Oye, pues coge un libro… Pero es que la luz… no quiero prender ninguna luz.

Llegó al punto en que me doy cuenta, esto es una obsesión de tres pares. No sé si es ADD, ADHD, OCD… NPI. No estoy diagnosticado con nada, entonces no sé. Lo que sé es que la razón de todo esto es la ansiedad.

¿Por qué me está dando todo esto ahora? No es ahora, sino que antes estaba regido por ciertas expectativas o ideas que no me dejaban salir de la raya. Ahora, que poco a poco voy deconstruyendo esas expectativas, es como si fuese tierra de nadie.

No me siento completamente satisfecho en mi trabajo, de donde estoy. Cuestiono todo lo que pienso, pero sin tratar de escapar. Quiero manejar lo que pueda. Lo que no, por lo menos poder mirarlo de frente, y no correr de ello.

Pero ahora, que estoy enfermo, no encuentro el sueño, la mente tomó esta oportunidad para correr todo. Y no tuve descanso. Desde las 8:30 pm hasta las 12:30 am y cuidado, la mente no ha parado de crear sus mundos e historias para olvidarse o desasociarse del mundo en que estoy.

La mierda es que lo hago sobrio. No necesito ni del alcohol ni marihuana para contarles estas historias. Diría que, si estoy borracho, ahí me toma el doble llegar a eso porque con una o dos mi mente ahí descansa, o "vuelve a la normalidad", y después es que llega la nota. Pero pues, no llego a eso mucho ni trato de ver el alcohol como fuente para desahogarme (aunque hay veces y hay veces; y no muchas terminan bien). Vuelvo. Por lo menos siento que tengo la madurez de no llegar al vicio o depender de ello.

Pero igual, este autorreconocimiento es lo que me ha llevado a este mismo sitio. Llega a un nivel de desesperación u obsesión que no puedo hacer algo sin preguntarme ni cuestionarme. No puedo hacer algo para disfrutarme el momento.

Cuando estoy mal, mi mente se desespera por salir de esta. Y si ando bien, la mente busca hacer todo lo posible para mantenerme ahí, pero en ese proceso, se jode la cosa.

¿Qué será de mí? ¿de mi ansiedad? No hay de otra que no sea vivir con ello…

Y aún sigo despierto.

☐

El colmo de saber, pero no sentir.

Hay algo de mí que me asusta, y es que muchas veces (o últimamente) me doy cuenta de los sentimientos de los demás, o de lo que me dicen la gente cercana a mí, y lo reconozco, pero se queda ahí. Como que no simpatizo como antes. Como si no hubiera compasión o empatía por mi parte. Trato, pero no lo encuentro. Digo que se queda ahí porque no pasa de ser conocimiento, y no llega a ser sentimiento. No sé si me entiendo.

Ha habido momentos en que pasa algo, me dicen, me hablan, me aconsejan, y me gustaría sentir que acepto, empatizo o agradezco, pero por más que trate, no llego. Si no doy ejemplos, me quedo corto explicando y no llego a nada.

Me da vergüenza admitirlo, pero, algunas veces, cuando hablo en familia, y cuando digo hablamos es hablar de conversaciones serias (de la vida, la familia, y todo eso) … un momento lindo. Una conversación fuerte. Haya sido yo mientras salía del clóset, o mis padres diciendo que están orgullosos de mí. Feliz por mí. Pues, me jode decir que, en esos momentos, algunas veces no siento nada. Es como si me desconectara y el sentir no es recíproco. Con todo eso, yo hablo, participo de las conversaciones, pero como muchos dicen: por la boca es un mamey. Lógicamente, o mejor dicho, conscientemente, estoy en la conversación, pero he dejado los sentimientos aislados por tanto tiempo que algunas veces ni los puedo encontrar, o cuando los llamo, no vienen.

Sé que mi familia me ama, me quiere. Pero no les miento que algunas veces no siento lo mismo. Y eso me aterra. Me jode reconocer que ese amor dentro de mí no esté (como antes, o se haya ido, o lo haya reprimido tanto que requiere un esfuerzo gigante para recuperarlo).

No sé si ya escribí de esto pero de los momentos más recientes fue un abrazo que un primo mío me dio. Nos hablábamos, y sé que me dijo que me admira, y que cuente con él para lo que sea. Pero me molestó que no sentí las palabras que me decía. Por más que me hubiese gustado empatizar con lo que me dijo. Yo a él lo admiro igual, lo respeto no sabe cómo. Pero por más que lo diga, siento que algunas veces mis palabras no tienen el valor que quisiera.

Me asusta porque me hace sentir vacío. Y no vacío en la mente, es un vacío en el mismo medio del pecho. Como si sintiera que mi cuerpo es hueco. Me duele porque es como sentir que lo que siempre estuvo ahí ya no está. Me aísla del mundo que me rodea, de la gente que tengo cerca, porque no siento lo que verdaderamente me encantaría volver a sentir. Sentir por la gente que amo, adoro, admiro y quiero.

Me asusta, porque por más que diga que los amo, que les quiero, sé que ha habido veces que queriendo decirlo, no lo siento. Y no es que estuviera mintiendo, porque sé que esos sentimientos están. Existen. ¿Existieron? O volverán. Pero me he encontrado a veces que no están, y eso no se lo deseo a nadie.

*   *   *

Sí. Me da miedo. Me da miedo decir que no siento. Pero, puedo mirar atrás y saber que sí soy capaz de sentir. Cuando por fin le dije a mi hermano que era gay, casi lloro del alivio. (Me hubiese gustado poder llorar sin frenos, pero estando en público, y en motivos de fiestas por mi graduación, me lo quedé por dentro).

Creo que eso es lo que me jode… aguantarme. Me he dado cuenta de que algunas veces me aguanto sin necesitad. Hace poco le quería decir a mis mejores amigos que les amo, pero se me cortó la voz en la llamada telefónica por temor de cómo lo tomaría. No me quiero aguantar más un te quiero, o un te amo. Pensé que había aprendido a ser vulnerable. Parece que no.

Por más que lo menosprecie, vale la pena

Cuando por primera vez me escuché decir esas palabras, no sabía lo que significaban. Solo sabía que sonaba lindo. Como que tenía sentido, pero no, pero sí. Me suena a que es uno de esos elementos del lenguaje figurativo que dice cosas casi contradictorias. No sé cómo se llama, pero el hecho de usar el menosprecio con el valer la pena es algo que suena bonito.

No le he dado tanto casco, pero sí lo he tenido en mente desde que empecé a escribir estos ensayos y monólogos con intención de publicarlos. Sería un buen cierre, una buena manera de cerrar una idea que mientras escribía, hubo bastantes veces en donde me decía que quizá no hay necesidad de publicarlo. O que ni deba escribir (seguir escribiendo) el libro. Que si me estoy exponiendo demasiado. Me decía que no iba a valer la pena publicar los pensamientos de uno. Las conversaciones de uno. Menospreciaba mi propia idea… (ya ven por donde voy, ¿no?).

Algo que me dijo un amigo me está teniendo más sentido ahora. Me dijo que nosotros somos nuestros propios jueces, jurado y verdugo.

También, es una frase que le ayuda a uno cambiar de perspectiva. Muchas veces me encontraba minimizando mis preocupaciones, mis dilemas por cuestión de que quizá alguien lo tenga peor, o que todo el mundo pasa por algo. Minimizaba lo que sentía porque, con todo lo que tengo, lo que hago, debo de estar bien. O por lo menos aparentarlo. Te estás ahogando en un vaso de agua, me decía yo mismo. O te estás buscando tú mismo las preocupaciones. No era hasta que hablaba con mi psicóloga que me dijo que es normal tener preocupaciones. Es normal tener dudas de la identidad de género de uno mismo. Es normal preocuparse y dudar de su orientación sexual. No es nada del otro mundo (por más que haya personas que digan lo contrario). Es normal sentirse solo, por más gente con que te rodees. Es normal.

No fue hasta que hablé con mi amigo que me hizo darme cuenta de que las preocupaciones son reales, pero no hay mal que dure cien años, o cuerpo que lo sostenga. No hay preocupación que no se pueda sobrepasar. Que todos tenemos nuestras batallas, pero igual es hora de poder hablar de ello sin repercusiones y abrirse sin miedo a los que uno lleva cerca de su corazón.

No fue hasta que hablé con mi prima que me dijo: (no son las mismas palabras, pero ustedes me entienden) que cosas pasan y a veces llegan momentos en que uno se pierde o siente que ya no es la misma persona de antes. Que solo hay que darle tiempo al tiempo, sin perderlo de referencia.

No fue hasta que hablé con mi amigo de mis preocupaciones, de mis dudas que me dijo que aunque no entendiera mis preguntas o mi situación, me seguirá apoyando y estará ahí por mí.

No fue hasta que hablé con mi tía que supe de que hay cosas que uno no sabe de los demás, y que es triste tener que aprender de ciertas cosas después sin poder atenderlas al momento.

Por eso me dije que por más que lo menospreciara, vale la pena. Vale la pena agradecer el más mínimo favor que te hagan porque unas gracias le pueden alegrar el día a alguien. Vale la pena ahogarse porque uno no saber cuánto tiempo esa persona llevaba eso por dentro. Vale la pena hablar y decir las cosas porque así tus seres queridos saben cómo verdaderamente estás. Vale la pena, por la razón que quieras.

Valdrá la pena escribir este libro porque quizá me ayude al expresarme. Valdrá la pena publicar este libro porque no habrá manera de callar lo escrito. Valdrá la pena escribir, porque así aprenderé más de mí. Valdrá la pena publicar, porque quién sabe quién pensaría igual. Por más soluciones que le falten al libro, y no tenga las herramientas para ayudar a los demás, siempre habrá alguien. Y por lo menos sé que me ha ayudado. Ya con eso es suficiente.

Ser católico y ser gay no son contradicciones

Esto es algo que ya se sabe. A este punto es obvio. O sea, era algo que diría que siempre sabía. Una cosa no tiene que ver con la otra. Pero, como he dicho antes, no es lo mismo saber que sentir. [No son las mismas palabras, pero bueno, ustedes me entienden.] Hasta me recuerdo de mis primeras citas con mi primera psicóloga (ya de adulto... porque creo que a mí me habían llevado a una psicóloga de niño disque porque lloraba demasiado... creo que esa fue la razón. Y también ahora recuerdo que a mí me habían llamado del psicólogo del colegio por ni me acuerdo la razón que fue esa vez). Vuelvo. La cita que tuve con mi primera psicóloga en que me preguntó por mi relación con la iglesia, a la cual yo le respondí que normal – no me afecta mucho al yo ser gay. Una cosa no tiene que ver con la otra. Ella, me imagino, no lo dio por hecho, pero igual siguió la conversación. (de ahí no me acuerdo más). Pero ahora, mirando atrás, ¡qué clase de media verdad dije!

Como si las noches que me pasé rezando que Dios no me hiciera homosexual no fueron por nada... (bueno, no funcionaron... pero ustedes me entienden). Ese sentir de tratar de depender de Dios para que no fuese así... De seguro mi relación con la iglesia o religión tuvo que ver bastante. Algo había ahí.

Yo, al catolicismo, o mejor dicho a la catequesis, nunca lo vi de manera peyorativa en contra de mí. Quizá porque no le prestaba bastante atención, o no entendía a lo que se referían algunas predicaciones. O quizá entendí desde temprano que la fe y la iglesia son cosas distintas. A eso, se lo debo a mi padre que me enseñó que la fe la lleva uno por dentro, no importa cuantas veces uno no se confiese o vaya a misa. Que es entre uno y Dios. Ya está. También aprendí o me di cuenta

de que la iglesia no tiene una historia impecable (jeje…
impecable). Que la iglesia tiene su trasfondo histórico, y
de lindo no tiene ni un pelo. Y que de por sí hay cosas,
además de los derechos de la comunidad lgbtiq+, que
simplemente estoy en desacuerdo con lo que dice la
iglesia.

Pero, no fue hasta que volví a misa aquella vez con mi
mamá que me di cuenta de que quizá lo que
eventualmente no encajaba conmigo era el sentir de
culpabilidad que existe en el catolicismo. (Además de
ver que, durante todo este tiempo, nunca entendí u
observe sinceramente mi relación con la iglesia y notar
cómo una cosa afecta la otra. Entender cuál es el
encontronazo que existe entre la iglesia y la comunidad
lgbtiq+).

"Por mi culpa, por mi culpa, por mi gran culpa…"

Le llegué a dar cabeza a eso, y me di cuenta de que, al
final, me terminaba sintiendo mal o hasta culpable por
simplemente ser. Sentí que me tenía que arrepentir por
ser como soy. Ahí fue cuando los huevos se pusieron a
peseta.

Yo he sido católico, y escojo creer en Dios y en el
catolicismo, por las enseñanzas de mi familia y por
entender la importancia de la religión
sociológicamente, y a la misma vez entender y
reconocer, que me ayuda, y es una parte de mí. A eso
se lo debo a mi abuela materna que me enseñó el valor
de la fe.

Pero con eso y todo, no iba a seguir hacia adelante,
sintiéndome culpable o arrepentido por ser.

La semana después, volví a misa con mi mamá, y cuando vino la parte de "por mi culpa" de la misa (que para colmo viene casi al principio), me rehusé de decir esos versos. Ni en voz alta, ni en la mente. Y se los juro que eso fue un alivio. Se sintió como por arte de magia, vi una manera de mantener esta parte de mi vida junto a mi ser. Sin sentirme culpable. Sin tener que arrepentirme. Nunca me había sentido tan aliviado después de una misa.

Ahí aprendí que la religión no es para que uno le sirva a ello, sino para que la religión le sirva a uno.
Tanto que pasé sintiéndome culpable. Tanto que me pasé arrepintiéndome por simplemente ser, o no dejarme ser.

*   *   *

Mi relación con la religión ha cambiado. Bueno, es que tenía que cambiar. Ha de cambiar, y seguirá cambiando. No cuestionar las cosas o simplemente creer no es algo que yo pueda ceder fácilmente.
Creo que es algo que he demostrado al escribir todos estos monólogos… Siempre termina siendo un arma de doble filo.

Pero igual, sigue siendo un arma que funciona.

Mi relación con la religión cambió. Pero igual, me siento mejor con ella.
☐

Prisa, pt.1

¿Por qué tanta prisa?, José
¿Por qué tanta presión?
¿Por qué te ajoras, cariño?
      Si apenas es solo un momento.
      Si apenas pasa.
¿Por qué te preocupas por algo que no ha pasado?
        ¿Por qué te imaginas lo peor?
¿A caso no quieres sentirte bien?
¿A caso no quieres disfrutarte el momento?

Si apenas llegó.
Si apenas te permites disfrutar.

Déjate querer.
      Déjate vivir.
Atrévete a querer.
      Atrévete a vivir.

¿Por qué te preocupas tanto?
      ¿Por qué no te permites sonreir?

Sonríe,
      Disfruta,
        Déjate llevar. Como un buque de vela,
que el viento lo lleva…

Pero no sueltes el guía, coño.

Prisa pt.2

¿Por qué tanta prisa? Para qué tanta presión. Si, a fin de cuentas, no sé qué va a pasar en mi vida. Solo sé lo que quiero hacer (bueno, ni eso a veces sabes, José, no seas ingenuo). (¿Y qué?).

Pero qué sé yo lo que va a pasar.

Por ejemplo: puedo saber que me quiero licenciar como arquitecto. Entonces. Pero, después de eso, ¿qué? ¿Qué carajo haré después? Ni puta idea.

-        ¿Pues, entonces?

¡Qué sé yo! Si voy a estar igual de perdido ahora que después de licenciarme… Por qué. Tanta. Prisa.

Solo sabes que quieres hacerlo, ¿no? (Bueno, ni eso sé a veces) No te pongas terco y sabes que vas a hacerlo. Pero solo necesito que sepas, que no hay prisa, y que la presión te la pones tú.

Con solo una pequeña gana de hacerlo, es suficiente para atreverte y ver qué pasa.

Yo no sé qué va a pasar. Eso es suficiente para tener la curiosidad de saber. ¿Cómo sabré? Pues intentándolo. Dale.

Without fear to the exit.

☐

¿Cómo explicar el orgullo si yo mismo no lo entiendo?

De todos los ensayos, este ha sido el más trabajo que me ha dado para empezar. Llevo desde enero, y estamos a finales de julio.

Este mes del orgullo 2023 fue la primera vez que asisto a la parada del orgullo. Fue de lo más nítido poder verla y presenciarla, y mejor que pude compartir el tiempo con mi familia y amigos.

De más está decir que fue entretenido – un pasadía super chulo. No sabía qué esperar. No lo digo de malas, pero simplemente estaba ignorante a lo que era la parada del orgullo. (Ya pueden ver cuán enajenado estoy).

Es una gran fiesta, y por fin pude empezar a entender qué es el orgullo y qué se celebra (aunque esté lejos de entenderlo por completo). Quizá sea una simplificación, pero lo puedo ver como la parada puertorriqueña en Nueva York. Es para celebrarnos. Énfasis en el "-nos". ¿Y quién no quiere celebrar? No sé si se acuerdan de ese anuncio que celebraban hasta cuando se le caía un diente a un niño.

Pero para entender el orgullo, habría que ver lo que conlleva esa celebración – lo que representa.

Cada experiencia es distinta, y entonces cada persona tendrá sus motivos para celebrar. En mi caso, yo celebraría que no siento más el tener que esconderme. Celebrar que estoy vivo. Que tengo mi familia y amigos conmigo. Celebrar que poco a poco me deshago de la vergüenza de que sentía por no conocerme y por ende ahora sentirme más cómodo y conocerme más a fondo. Por haberme cuestionado partes de mi identidad y estar cada vez más seguro de ello (algo que no sabía que podía llegar a preguntarme a mí mismo). Que, aunque cada experiencia es individual, existe gente con experiencias similares. Celebrar que existe una comunidad – que no estoy solo (por más que mi mente me haga sentir lo contrario). Para celebrar por aquellos que no pudieron celebrar o aun no pueden.

El orgullo sirve para celebrar las cosas buenas como las no tan buenas.

Este tema es exageradamente abarcador, y con lo poco que he escrito aquí, de seguro me quedo más que corto. Yo no lo sé todo, ni podré hablar por todo el mundo; ni digo que el orgullo es simplemente lo que he escrito en estas pocas oraciones. Este tema tiene historia, tiene extenso bagaje. Connotaciones, prejuicios y muchos aspectos que hacen que no sea tan blanco y negro (referencia a la bandera del arcoíris).

Pero quizá el orgullo sea eso, poder celebrar lo que uno quiera celebrar – sea lo que sea. Si tengo una razón para celebrar, ¿para qué no?

*   *   *

De seguro este ensayo se queda corto. Solo que no sé qué más escribir, ni cómo expresarme aún. Yo mismo digo que aún no lo entiendo. No pretendo que esto sea todo, pero por lo menos es mi comienzo para entenderlo. Yo mismo no estoy satisfecho con esta explicación. Pero quizá solo haya cosas que por las palabras jamás se va a entender.

☐

¿Cómo aprendo a ser vulnerable?

No sé. Intentándolo.

*   *   *

*   *   *

Ni puta idea tengo yo de cómo aprender a ser vulnerable. Lo único que sé es que hay que atreverse.

Mi experiencia más reciente es la que justo ahora me ha resultado en un corazón roto. Y pues creo que el amor sería el ejemplo perfecto para hablar de la vulnerabilidad. Sí, soy yo. El experto en el amor después de un simple corazón roto. Yo no soy psicólogo, y apenas estoy comenzando a vivir. No tomen mis consejos tan seriamente. Ni yo sé lo que estoy haciendo. Paréntesis y punto y aparte.

Una cosa, algo es ser abierto con lo que uno siente, y otra cosa es ser vulnerable.

Esto quizá sea una manera de desahogarme y tratar de pasar el desamor del momento, pero vamos allá. Ya dije que este libro es más para mí que para ustedes, so lean a su propio riesgo e interés.

Ser vulnerable lo veo como si fuese un riesgo. Por eso digo que hay que atreverse. Hay que intentarlo. Igual de lo que he escuchado del amor (ya así me quito como referencia y no me hago responsable de sus desamores y amores futuros. No me vengan con cosas).

Lo que jode es que cada uno sabe que todo el mundo tiene sus propias mierdas, cosas, batallas, problemas, y uno queriendo abrirse a alguien, ser vulnerable a otra persona, podría sentirse que hace que esa persona se sienta incómoda o hacerle más carga a otra persona. Pero uno no debe de sentirse como carga a otra persona − eso hace más mal a uno mismo, hablarse así. Pero no es que uno va a ser vulnerable con todo el mundo, y ahí es donde cambia la cosa, donde la vulnerabilidad depende de la confianza que uno tiene con la otra persona.

La vulnerabilidad sería mostrarse y sacar a flor de piel los puntos débiles de uno mismo. Mostrar las heridas que uno sabe que tiene, y que salgan a relucir las que uno no sabía que tenía.

Algo quizá es que no todo el mundo se atreve, y la gente tarda en tomar confianza en otras personas a ritmos distintos, y creo que quizá lo que más duele es que uno se muestra a una persona, tomando el riesgo, para ver cuánta confianza hay en esa persona, y ver, si ambos están dispuestos a confiar. Eso sería lo que me dolió a mí. Confié, me mostré, pero la otra persona aun no estaba lista, o simplemente no quería.

Pero igual, para saber dónde duele, hay que apretar (siento que cambié el tema rapidito ahí). Así que mostrarse vulnerable, no importa cuánto miedo, es el riesgo que uno toma.

Y con el riesgo, pues como dice mi amiga, uno siempre tiene que ir con dos bolsos: el de ganar, y el de perder.

Lo que jode cuando uno demuestra sus inseguridades, no sabes cómo la persona va a reaccionar. Si las protege, las resguarda, no hace nada al respecto, o las activa. Uno no sabe. Lo único que uno puede controlar es que sea lo que haga esa persona, uno controla cómo reacciona y qué uno hace después.

Lo que jode es que cuando uno se quiebra frente a otra persona, y esa persona no se quiere mostrar contigo, ni se esmera por que se reconstruyan juntos.

Pensando que sí, podríamos reconstruirnos o desarmarnos para construir algo ambos, terminamos cada uno construyendo aparte. Por más que uno hubiese querido lo otro. No se dio. (Sé que él tendrá sus razones).

Pues, me quedó armarme por mi cuenta. No tengo de otra, aunque él se haya quedado con unas piezas.

Yo confío que me puedo armar de nuevo, no sería la primera vez, y ni será la última (qué alentador, ¿no?).

Y con esa misma confianza, pues me puedo atrever a ser vulnerable de nuevo, para ver qué ocurre. Porque pase lo que pase, yo sé que me puedo armar por mi cuenta. Que quiera armarme con alguien, eso es puro capricho.

Ahí estamos.

☐

¿Quererme seguro o quererme feliz?

Esta pregunta viene por un pensamiento que me surgió tratando de entender la relación que tengo con mis padres, y cómo ellos reaccionan o me hablan de todas las cosas que tengan que ver conmigo, entre nosotros, y con mi hermano.

Pensándolo bien, creo que la respuesta sería ninguna de las anteriores.
O, mejor dicho, no es tan simple.

De primeras, sé que mis padres quieren que yo esté seguro. Que me asegure un futuro, que tenga salud, y esté a salvo, donde sea que esté. Que tenga un techo y con qué alimentarme.

Quererme feliz, por más cliché que suene, es como si le hace frente a la pregunta de quererme seguro (¿desde cuándo la seguridad es contradictoria a la felicidad?) porque uno como hijo siente o puede sentir que todo lo que uno hace o piensa es cuestionado o puesto bajo la lupa por los padres de uno. Uno quiere hacer algo, y rápido vienen tantas preguntas que hacen a uno pensar dos veces si de verdad quiere hacerlo, o vale la pena pasar todas estas preguntas por un simple capricho. Se sienten como intentos de convencer a uno de no hacer las cosas. Es como si le ponen presión a uno a tener tantas respuestas que a fin de cuentas uno decide no hacer nada por el acoso o el desánimo que generan tantas preguntas. Es como si te ponen a prueba si de verdad quieres hacerlo o no. Y eso rejode. Rejode a veces, otras, uno quizá puede entenderlo.

Es como si pretendieran que uno tenga las respuestas de todas esas preguntas, sabiendo que uno mismo no las tiene todas, no se las sabe todas, o quizá por ingenuidad o simple interés, la curiosidad se despertó, pero de repente sientes una presión o desaliento por esa curiosidad innata.

Como que… Mierda. Es obvio que yo no he vivido tres carajos, pero igual pretenden que tenga las respuestas de todo… Con razón me pongo tan ansioso y quiero tener tantos detalles de lo que haré para sentirme "seguro" de que estoy haciendo las cosas bien.

No lo digo para que se entienda que para ser feliz no hay que estar seguro o corriendo peligros a cada rato (aunque la adrenalina si está super cool).

 Pero la duda de que si uno va a estar bien o no es lo que termina insinuando una inseguridad exterior, que causa una inseguridad mayor al interior que no siempre tiene el efecto deseado de ambas partes. Una, cuando los padres quieren que uno esté seguro, pero resulta en que uno quizá lo malentienda. Y Dos, que sentir una desconfianza resulta en una inseguridad de que si lo estoy haciendo bien, si de verdad quiero hacerlo, si es un error, o qué sé yo.

Lo único que sé es que los padres de uno sí han vivido, y yo no.

Es decir, ellos saben lo que puede pasar, y uno ingenuo más de lo que uno le gustaría admitir, está entre creerse que se las sabe todas, o por pura curiosidad, quiere saber qué pasaría. Yo me reconozco como el que por pura curiosidad quiere saber qué ocurriría, porque de seguro sé que no me las sé todas.

Lo que si quiero es que no sea que todo dependa entre una decisión de querer estar seguro o querer estar feliz (o explorar y dejar que la curiosidad lleve a uno). (Creo que usar la palabra feliz o felicidad en este contexto no es la correcta…)

Quizá a lo que me refiera es poder sentir que existe una confianza interna y externa que pase lo que pase, uno va a estar bien, a pesar de las circunstancias. (Y si uno no termina bien, pues esos son otros 20, pero pues… quién soy yo para juzgar).

So, no es ninguna de las anteriores. Sino el punto medio entre estar seguro y estar confiado. Manteniendo el nivel de malicia o desconfianza, pero sabiendo siempre que uno va a estar bien.

Vuelvo y digo. Yo no soy experto. Apenas tengo 24 años. Yo más veces de las que me gustaría admitir no sé qué carajo estoy haciendo.

Quizá lo que pido es simplemente eso. Confianza.

También tengo que empezar a confiar más yo mismo en mí, y no solo depender en la confianza que me brinden los demás…

¿Ahí hay otro ensayo más… coño… esto no se acaba? Carajo.
□

Estar bien no sabiendo

¿De verdad pretendo estar bien sin saber?
¿Quién me creo yo? Ni Francisco ni el Dalai soy.

En verdad no pensé que iba a terminar aquí,
escribiendo un libro porque no supe cómo [carajo]
manejar bien mi ansiedad. Fue… ha sido bastante útil.
Lo que sí es que no sé cómo voy a reaccionar al releer
todo lo que he escrito. ¿Lloraré? ¿Me moriré de la risa?
¿… de la vergüenza? (vergüenza no me queda… eso lo
sé).

Uno ríe para no llorar, y llora para reír. So lo más
seguro mato dos pájaros de un tiro.

Mírame ahí. Tranquilo, sin saber… ¡Qué chiste! ¿Por
qué carajo no puedo estar así todo el tiempo?

Yo me doy cuenta que con el mismo dilema corro el
asunto más de diez veces por mi mente – en menos de
cinco minutos… y sigo estancado en la misma mierda.

Es como que… PUÑETA. Ya ese asunto lo resolviste
hace dos días (y cuidado). ¿Por qué te vuelves a
cuestionar lo que decidiste? ¿Qué sientes que te faltó si
ya lo diste por acertado o sabes lo que tienes, quieres o
has de hacer?

¿Por si existe otra posibilidad? Pues claro que puede
existir otra posibilidad. Otro escenario. Pero si por lo
menos tratas de observar los datos factibles – no
sugeridos ni asumidos – puedes darte cuenta que por lo
menos tu verdad (con los asuntos del presente – no los
que te gustaría que fuesen o los que podrían ser – ni
excusando tu comportamiento ni el de los demás) las
cosas están más claras que el agua (dependiendo del
agua que tomes de referencia pero digamos que la de

los Tubos en Manatí. Que esa referencia le signifique lo que sea a cada persona que está leyendo lo que quieran. No me encargo de las experiencias que hayan tenido en esa playa).

Vuelvo. Creo que ahí está el problema. Dudo mucho de mí, y de mis propias decisiones. No siempre confío en mí, y busco la validación con los demás (discutiendo mis pensamientos), y aunque lo discuta con mis amigos o quien sea, y haya coincidido en algo bastante cierto – igual me encuentro dudando unas horas o días después. Como si nada).

La mierda es que cuando hablo las cosas, me doy cuenta de la realidad, y pues se me es más fácil decidir o confiar en mí porque no solo siento mis pensamientos, pero los escucho yo mismo y pues me entiendo mejor… qué sé yo.

¿Cómo llegué a esto?

Verdad, de no saber cómo serán las cosas, lo pienso más de mil veces en un día, y aunque haya podido llegar a una conclusión bastante razonable, mi mente decide darle la vuelta de nuevo.

Como si decidir por mi cuenta una vez no es suficiente.

Sé que puedo estar mal en lo que concluya por mi cuenta, pero mejor (o más saludable) sería que el tiempo diga, en vez de pensarlo cada vez que pueda y quedarme en mi mente sin poder sentir dónde y con quién estoy.

No voy a poder resolver todo por mi cuenta. No voy a saberlo todo. Ni todo depende de mí.

Así que, lo que será, será; El qué dirán se puede ir por donde mismo entró.

Tengo que confiar en mí – aunque esté mal o bien, confiar. Como siempre digo, metí la pata, meto la otra por si acaso. Confianzú hasta el ñú.

Confiar y observar cómo suceden las cosas.
☐

Gracias, Gracias, Gracias

Me da un poco de vergüenza decir esto, pero en verdad yo pensaba que ya había escrito este ensayo hace tiempo – pensando que había terminado este escrito y listo para publicarlo.

Gracias a Dios me dio con abrir este documento y ver que este ensayo estaba vacío.

Lo próximo fue ver cuándo lo escribía – porque digamos que lamentablemente le he perdido el hábito a la escritura. Además de mayormente escribir cuando estoy en crisis o triste o queriendo desahogarme, no suelo escribir en estos días – más creo que perdí mi libreta o no sé en cuál seguir. (También las que tengo no tienen líneas y no me gustan sin líneas… ya saben. Si me van a comprar algo, una libreta con líneas sería bien).

Pero ayer tuve una tremenda conversación con mi amiga que me dejó pensando – me ayudó a entender dónde estaba emocionalmente hoy (bueno, en verdad era ayer) … pero me explico. Esta semana he estado con bastantes saudades, y no entendía por qué.

Mi amiga me explica: No es que no le hayas superado, no es que aun debes procesar algo – es que por fin estás volviendo a ser tú. A sentirte como te sentías antes. Están volviendo muchas cosas que hacías antes, pero esas nostalgias no son de la nada. Son de eso, de esas personas, que estaban pero ya no están tan presentes en tu vida.

Te has vuelto a encontrar, pero no son las mismas circunstancias. No te acompaña la misma gente. Te encuentras en una situación con unos sentimientos similares, parecidos a los de aquella vez, pero reconoces

que hay algo que ya no está. Alguien. Contexto.
Ambiente distinto.

Felicidades, José Alfredo, hemos vuelto.

Las primeras gracias son para mí – por atreverme a
escribir todo esto y atreverme a publicarlo.

Las segundas, para mi familia, Ma, Pa, Chegüi, tíos,
tías, abu, abi, abita, y abu. Primos. Y por qué no
agradecer a Lucky y Luna igual.

Las terceras, para mis amigos, que los puedo contar.
Uno, Dos, Tres, Cuatro, Cinco, Seis, Siete, Ocho,
Nueve, Diez y Once. Cada cual ya estamos en nuestros
caminos de vida, pero eso no quita que podamos seguir
encontrándonos de nuevo y acompañarnos cuando es
posible.

Las cuartas, para mis idilios, desamores, y amores.
Esos, como las copas de vino, no se cuentan.

Conste que hay amor en cada una de las veces
mencionadas.

Gracias

www.ingramcontent.com/pod-product-compliance
Lightning Source LLC
Chambersburg PA
CBHW022012090426
42741CB00007B/992